GEDANKENDOPING

Erfolg ist kein Zuf

oder

**wie Ihre Gedanken Ihren Erfolg im Leben bestimmen
und wie Sie Ihnen auf die Sprünge helfen,
um das Leben zu führen,
das Sie schon immer führen wollten**

GEDANKENDOPING – Erfolg ist kein Zufall!
3. Auflage, September 2010
Umschlaggestaltung: Kookaburra TV Pty. Ltd.
Foto by Barbara Simon
Lektorat: Liane Quast, Berlin
Text-Layout: Silke Reuter, Stuttgart

Printed in Germany

ISBN 978-1-4092-0008-6

www.gedankendoping.de

Liebe Leser,

in dem hier vorliegenden Buch geht es in erster Linie um Gedanken – aber nicht nur. Es geht ebenso um handfeste Aktionen, um die KRAFT, die Gedanken umzusetzen.

Umzusetzen in das Leben, das Sie sich schon immer gewünscht haben.

„Wir sind, was wir denken. Alles, was wir sind, entsteht aus unseren Gedanken. Mit unseren Gedanken formen wir die Welt."
(Buddha)

Der Weg dorthin ist weder einfach noch kurz. Wer sich auf die Reise zu SEINEM Leben macht – was auch immer das für den einzelnen bedeuten mag – wird früher oder später auf Hindernisse treffen, Widerstände überwinden müssen und auch Rückschläge erleiden.

Ein klein wenig Zaubertrank der Gallier oder Glückstrank von Harry Potter wäre da in jedem Fall eine ebenso willkommene wie notwendige Hilfe. Mit anderen Worten, ein wenig Doping soll Sie bei der Verfolgung Ihrer Ziele unterstützen.

„Ein wenig Hilfe will das Glück gerne haben."
(Norwegisches Sprichwort)

Gedankendoping gibt Ihnen diese Hilfe, wird Sie aktiv mit einem Konzept vertraut machen, das Ihnen auf IHREM Weg zu IHREM Leben zu einem wertvollen Begleiter wird, den Sie nicht mehr missen möchten.

Gedankendoping wird Ihnen nicht nur einen einfachen, neuen (alten) Weg zu IHREM Leben zeigen, Gedankendoping wird Ihnen ebenso helfen

- neue Wege selbst zu entdecken
- neue Türen zu öffnen
- herauszufinden, was Sie wirklich wollen im Leben
- das Selbstvertrauen zu gewinnen, diese Ziele zu verfolgen
- die Klarheit zu finden, richtige und wichtige Entscheidungen zu treffen
- die Freiheit zu erlangen „nein" sagen zu können
- und noch ein paar Kleinigkeiten mehr zu erlernen

„Es ist nicht gesagt, dass es besser wird, wenn es anders wird. Wenn es aber besser werden soll, muss es anders werden." (Georg Christoph Lichtenberg, Physiker)

Gedankendoping ist nicht nur ein Buch.
Gedankendoping ist ein Lifestyle.
Gedankendoping ist ein Lebensdesign.

Mit Gedankendoping erhalten Sie einen Schlüssel für ein erfülltes Leben, in erster Linie aber zunächst einmal ein Werkzeug, sich Ihr Leben zurückzuholen, vor sich hinzustellen, in die Hände zu spucken und auszurufen: „So Leben, jetzt zeig ich Dir mal, wie toll Du sein kannst, wie viel Spaß wir zusammen haben werden und was wir alles erleben an Abenteuern, Wundern und Glücksmomenten."

„Gutes Werkzeug, halbe Arbeit." Ungarisches Sprichwort

Viele Klienten aus meinen Leadership- und Mentor Programmen hier in Sydney sind vom gleichen Punkt gestartet, an dem Sie sich jetzt befinden mögen. Sie wollten mehr vom Leben oder ihr Leben zurück. Sie wollten den großen Schnitt und alles ändern und auf den Kopf stellen oder einfach auch nur den kleinen Schritt und einen begrenzten ganz bestimmten Teil ihres Lebens verbessern.

„Nur ein Idiot glaubt, aus den eigenen Erfahrungen zu lernen. Ich ziehe es vor, aus den Erfahrungen anderer zu lernen, um von vornherein eigene Fehler zu vermeiden." (Otto Graf von Bismarck, Kanzler)

Was immer ihr Ziel war, es bedeutete in jedem Fall Veränderung. Ebenso wie vielleicht Sie im Moment, wussten auch diese Menschen nicht, wie sie es anstellen, wo und mit was sie anfangen sollten – bis ich ihnen das Konzept Gedankendoping zeigte.
Die meisten haben dann sehr schnell erkannt, was Gedankendoping bedeutet und mit der Anwendung und Umsetzung später vor allem auch eines erfahren: ES FUNKTIONIERT!

Auch ich stand einmal an diesem Punkt. Auch ich fragte mich wie ich es anstellen, wo und mit was ich anfangen sollte, MEIN Leben zu leben, MEINE Ziele zu erreichen. Auch meine Reise begann mit einem kleinen Buch, dem viele weitere und umfangreichere folgten.
Auch ich fand meinen gallischen Zaubertrank und Potterschen Glückstrank.

Neben Freunden, Kollegen oder Familienmitgliedern waren meine wichtigsten Mentoren und Ratgeber vor allem auch Menschen, die ich persönlich nie getroffen habe.

„Bücher sind Meister, die uns ohne Zucht und Strafe lehren, ohne Beschimpfungen oder Zorn. Wenn du etwas von ihnen willst, schlafen sie nicht, wenn du sie suchst, verstecken sie sich nicht, wenn du einen Fehler machst, schelten sie dich nicht, wenn du dich dumm anstellst, lachen sie dich nicht aus."
(Elizabeth B. Browning, Schriftstellerin)

Ich lernte (und lerne) von Geschichtenerzählern, Biographen, Berichterstattern und Zeitzeugen. Von allen nur möglichen Autoren, die mich in Büchern, Filmen, Hörspielen, Zeitschriften und allen nur möglichen Formen beraten, unterrichtet und erzogen haben.

Sie alle haben entscheidend dazu beigetragen, dass ich jetzt da bin, wo ich bin – und wo ich sehr gerne bin.

„Erfolg ist weder einen Ferrari noch eine Million Dollar zu haben. Erfolg ist es sein Leben zu leben, wie man es leben möchte."
(Jim Rohn, Autor)

GEDANKENDOPING ist im weitesten Sinne auch ein Buch über Erfolg. Über IHREN Erfolg in IHREM Leben. Die Messlatte in wieweit Sie in der Lage sind, Ihr Leben so zu führen, wie Sie es sich immer gewünscht haben.

Erfolg steckt an oder Erfolg macht süchtig wird gesagt. Unbestritten ist, dass die meisten Menschen versuchen ihn in der ein oder anderen Weise zu erreichen.

Offensichtlich resultiert das in einer immer größeren Nachfrage nach „Erfolgs-Literatur".

Dabei fällt auf, dass viele Bücher von Theoretikern verfasst wurden, die vom Elfenbeinturm aus gedankenversunken über Erfolg philosophieren, außer schöne Worte zu Papier zu bringen aber kaum etwas erreicht haben in ihrem Leben

Es mangelt (vor allem in Deutschland) an Büchern von Praktikern, die das tun, worüber sie schreiben – und die, was noch wichtiger ist, auch entsprechende Erfolge vorzuweisen haben.

„Der Erfolg ist eher eine Frage des unbeirrbaren gesunden Menschenverstandes als der Begabung."
(An Wang, Computerwissenschaftler)

Auch das ist ein Grund, warum ich GEDANKENDOPING geschrieben habe.

Mit entsprechender Erfahrung und großer Begeisterung.

Wenn diese Erfahrung auch nur einem Leser hilft SEIN Leben zu leben, SEINE Ziele zu erreichen, SEINE Erfolge zu feiern, wenn ich auch nur in einem Leser das gleiche Feuer der Begeisterung für den „eigenen" Weg zu seinen Lebenszielen anfache, hat dieses Buch seinen Zweck erfüllt.

Natürlich will ich nicht nur ein Feuer entfachen. Ich will einen Flächenbrand entzünden. Je größer je besser. Ein vereintes Oster-, Sonnenwend- und St. Martinsfeuer stelle ich mir vor.

Kritiker mögen jetzt sagen: der hat gut reden, sitzt in Australien am Strand, hat neun Monate Sommer, Sonne und Urlaub und macht was er will – aber keinen Schimmer, wie es hier auf der anderen Seite der Welt zugeht, und in was für einer ausweglosen Lage ich hier stecke!

„Ein Mensch ist erfolgreich, wenn er am Morgen aus dem Bett kommt und am Abend wieder ins Bett geht – und dazwischen das tut, was er tun will."
(Bob Dylan, Sänger)

In der Tat, ich sitze gerade am Strand und bearbeite mein Laptop, wir haben Winter, es sind milde 21 Grad bei strahlend blauem Himmel – und **selbstverständlich** tue ich, was ich will (solange die Kinder in der Schule sind...).

„Freiheit bedeutet Verantwortlichkeit. Das ist der Grund, weshalb die meisten Menschen sich vor ihr fürchten."
(George Bernard Shaw, Literaturnobelpreisträger)

Und genau diese Freiheit wünsche ich mir auch für SIE.

Was auch immer Sie derzeit machen, in welcher Situation Sie derzeit auch immer stecken mögen, wie ausweglos sie auch erscheinen mag, bitte verstehen Sie eines: SIE IST VERÄNDERBAR!

GEDANKENDOPING bietet Ihnen dafür das Konzept und den ultimativen Ansatz.

Ich wünsche Ihnen viele Aha-Erlebnisse beim Lesen, die daraus resultierende Energie, diese Ahas in zielgerechte, erfolgreiche Aktionen zu verwandeln und mir wünsche ich viele Zuschriften und Emails über IHREN Weg zum Erfolg.

Eugen Simon
Avalon, Juli 2005

Liebe Leser, die zweite...

Als ich im Jahr 2005 schrieb, ich wolle mit diesem Buch ein Feuer der Begeisterung für den „eigenen" Weg zu seinen Lebenszielen entfachen, hatte ich keine Vorstellung davon, wie weit sich das Projekt Gedankendoping entwickeln würde.

Begonnen eher als Idee einige Kerngedanken schriftlich festzuhalten, ist es zu einem neuen Bereich in meinem Leben geworden.
Im September 2007 habe ich mich deshalb entschlossen Gedankendoping die entsprechende Aufmerksamkeit zukommen zu lassen, die es offensichtlich verlangt und es zu meiner Hauptbeschäftigung gemacht.

In den vier Monaten bis Weihnachten wurde es fast 5.000 Mal von der Gedankendoping Webseite heruntergeladen und ich habe viele inspirierende Reaktionen erhalten.

Im November 2007 haben wir das Gedankendoping Mitgliederprogramm gestartet und im März/April 2008 wird es die erste Gedankendoping Seminarreihe im deutschsprachigen Raum geben.

Auf diese Entwicklung bin ich sehr stolz und möchte allen danken, die an Gedankendoping glauben und mich freundlich gezwungen haben es von einem kleinen Buch in ein lebensveränderndes Projekt und Programm auszuweiten.

Eugen Simon
Avalon, Februar 2008

Liebe Leser, die dritte...

Ich gebe zu, ich war naiv. 2005 legte ich im Vorwort zur 1. Auflage von Gedankendoping einem imaginären Leser dieses Buches folgende Worte in den Mund: „Der hat gut reden, sitzt in Australien am Strand, hat neun Monate Sommer, Sonne und Urlaub und macht was er will – aber keinen Schimmer, wie es hier auf der anderen Seite der Welt zugeht…"

Es hat sich gezeigt, dass ich in der Tat keinen Schimmer hatte, wie sehr Deutschland und die Deutschen sich verändert hatten. Über fünf Jahre war ich vor der ersten Gedankendoping Tour 2008 nicht mehr in Deutschland gewesen. Mittlerweile gab es den Euro und eine neue Regierung. Das „Rumjammern auf hohem Niveau" hatte sich dagegen nicht geändert – ganz im Gegenteil.

Kaum jemand erkannte, dass wir uns in der besten Zeit denn je befinden, dass es Möglichkeiten ohne Ende gibt und dass es vor allem an jedem selber liegt, ob er diese Möglichkeiten ergreifen will. Sich lauthals „über die Umstände" beschweren war und ist natürlich viel einfacher.
Es gab viel Grundlagenarbeit in Sachen positiven Denkens und vor allem Handelns zu erledigen. Und dabei gab es natürlich auch Rückschläge.

So musste ich erkennen (und akzeptieren lernen!), dass es tatsächlich veränderungsresistente Menschen gibt. Trotz aller Bemühungen von meinem Team und mir, mussten wir die Er-

fahrung machen, dass manche Menschen es einfach vorziehen, eine negative Grundeinstellung zu behalten.
So viel zur Naivität, vielleicht aber war es auch gut, so unbedarft Seminare und persönliche Weiterbildung in Deutschland anzubieten, mit denen ich außerhalb Deutschlands so viel Erfolg hatte.
Am Ende wusste ich von Beginn an, dass es klappen würde. Und es hat geklappt. Mittlerweile haben fast 7.000 Menschen in Deutschland Gedankendopingseminare an der Universität für Selbstdenker besucht, es gibt Gedankendopingbücher, CDs, Programme und mehr.

Gedankendoping ist also der Erfolg geworden, den ich mir 2007 vorstellte, als ich mich entschied, dieses Projekt zu einem neuen Lebensinhalt zu machen. Ein weiterer Beweis, dass die Konzepte, Strategien und Techniken über die ich in diesem Buch schreibe, tatsächlich funktionieren, dass Erfolg jederzeit machbar, duplizierbar, modellierbar ist.

Er wäre allerdings nie ohne Sie möglich gewesen, ohne die veränderungswilligen Menschen in Deutschland, von denen es ebenfall sehr viel gibt und die Sie mich in den letzen Jahren immer wieder inspiriert haben.

Womit ein weiterer Beweis erbracht ist. Sie haben es sich selbst zuzuschreiben, wenn ich mit Gedankendoping weitermache ...

Eugen Simon
Avalon, September 2010

Inhaltsverzeichnis

Der Autor

Eugen Simon schwänzte bereits in der 1. Klasse eine Woche die Schule. Er war dickköpfig, renitent und folgte seinen eigenen Gesetzen. Dennoch gab es Lehrer, die ihn unterstützten. Deren oft wiederholte Maxime: Der Junge könnte überall Einser haben, wenn er nur wollte, nahm sich Eugen wenig zu Herzen. Er flog von sechs Schulen.

„Es ist von großem Vorteil, die Fehler, aus denen man lernen kann, recht frühzeitig zu machen.“
(Winston Churchill, Premierminister)

Im Alter von 17 Jahren verließ er das Elternhaus, arbeitete als Elektriker, Taxifahrer und Nachwuchsjournalist (Fußballergebnisse der Kreisliga einholen und Tabellen ausrechnen).

Nach vier Jahren Herumjobben und Reisen begann Eugen Simon auf dem zweiten Bildungsweg sein Abitur zu machen. Auf dem Kolleg klappte es dann auch mit den Einsern (wenn auch nicht in allen Fächern, wie man ihm doch immer wieder prophezeit hatte...)

Während des Studiums der Germanistik und Geschichte in Hamburg gründete er seine erste Firma. Nach einem halben Jahr war er pleite und musste wieder Taxi fahren.

Als Mitte der 80er die Welle der privaten Radio- und Fernsehsender ausbrach, besann Eugen Simon sich auf seine hochqualifizierte Vergangenheit im Sportressort (s.o.). Er wurde Sportjournalist.

„Das Geheimnis des Erfolges ist die Konstanz eines Lebenszieles." (Benjamin Disraeli, Politiker)

1989 holte ihn der damalige Sportchef von RTL, Uli Potofski, zu Deutschlands TV-Sender Nummer 1 nach Köln.
Eugen Simon avancierte im Sport-bereich zu einem der besten Filmemacher Deutschlands. Zudem kommentierte er Tennisspiele in Wimbledon, Melbourne und New York sowie Fußballspiele der Bundesliga und der Champions League.
Trotz aller Freiheiten, die der Beruf des Sportreporters mit sich brachte, gab es für ihn dennoch zu viele Beschränkungen. Der unstillbare Wunsch und das Wissen, dass das Leben mehr bietet, als den RTL-Reporter zu geben (oder um mit Nicki Lauda zu sprechen, mehr als mit einem Auto im Kreis herumzufahren), veranlasste Eugen Simon im zarten Alter von 44 Jahren sich auf den Weg zu SEINEN Träumen zu machen.

„Die Minute, in der man das zu tun beginnt, was man tun will, ist der Anfang einer wirklich anderen Art des Lebens." (Richard Buckminster Fuller, Erfinder)

Im Januar 2000 ging er zunächst als freier Journalist und Auslandskorrespondent nach Australien, um von den Olympischen Spielen zu berichten.
2001 gründete er seine zweite Firma, die mittlerweile Fernsehproduktionen in zwölf Länder liefert.

Seit 2003 engagiert sich Eugen Simon neben dem TV Geschäft überwiegend im Bereich persönlicher und beruflicher Weiterbildung sowie Spitzenpotentialentwicklung.

Eugen Simon ist verheiratet und Vater einer Tochter und eines Sohnes. Außerdem ist er – und das mag vieles erklären – Sohn einer Ostfriesin und eines Bayern...

1 **Warum** Sie so sind wie Sie sind und genau dort wo Sie sind

Der ultimative Ansatz von Gedanken-doping ist simpel:
„Unser Denken bestimmt unser Leben“. Die Idee ist nicht neu.

> *„Unser Leben ist das, wozu unsere Gedanken es machen.“*
> *(Marc Aurel, Kaiser)*

Von griechischen Philosophen bis hin zu Wissenschaftlern der Gegenwart ist dieses Konzept immer wieder untersucht und bestätigt worden.

Autoren wie Napoleon Hill und Earl Nightingale haben *„Du bist, was Du denkst“* im letzten Jahrhundert einer breiteren Masse nahe gebracht.

> *„Der Mensch ist, was er denkt.“*
> *(Friedrich Hebbel, Dichter)*

Napoleon Hill zum Beispiel interviewte im Auftrag des damals reichsten Mannes der Welt Andrew Carnegie hunderte erfolgreicher Menschen. Dabei entdeckte Hill unter anderem, dass **alle** eine Gemeinsamkeit hatten: sie wussten genau was sie wollten, was ihr Ziel ist und beschäftigten sich täglich in Gedanken mit diesem Ziel und wie es zu erreichen sei.

> *„Erfolg beginnt damit, deine Gedanken zu meistern. Wenn du nicht kontrollierst, was du denkst, kannst du auch nicht kontrollieren, was du tust.“*
> *(Napoleon Hill, Autor)*

Der Zusammenhang zwischen Gedanken und Ergebnissen im Leben ist so schlicht, man möchte annehmen, er sei intellektuelles Allgemeingut. Doch obwohl so offensichtlich und simpel, erfährt er im täglichen Leben kaum Beachtung. Dabei sollte sich jeder immer wieder klar diesen Zusammenhang bewusst machen.

„Das Bewusstsein bewegt sich in die Richtung unserer gegenwärtig dominanten Gedanken."
(Earl Nightingale, Autor)

Wer Sie sind, was Sie sind, wie Sie sind und wo Sie in Ihrem Leben gerade sind, ist die Summe aller Gedanken und der daraus resultierenden Aktionen Ihres Lebens bis zu diesem Zeitpunkt.

Lesen Sie es noch einmal ganz in Ruhe und lassen Sie es sinken:

Wer Sie sind, was Sie sind, wie Sie sind und wo Sie in Ihrem Leben gerade sind, ist die Summe aller Gedanken und der daraus resultierenden Aktionen Ihres Lebens bis zu diesem Zeitpunkt.

Lassen Sie es mich noch etwas präziser ausdrücken:

„Am Anfang jeder Tat steht eine Idee. Nur was gedacht wurde, existiert."
(Konfuzius, Philosoph)

Wer Sie sind, was Sie sind, wie Sie sind und wo Sie in Ihrem Leben gerade stehen, ist das direkte Resultat der Gedanken, die Sie in Ihrem bisherigen Leben **überwiegend** gehabt haben.

Überwiegend, weil nicht jeder Gedanke zu einer Aktion führt. Befassen Sie sich dagegen wieder und immer wieder gedanklich mit einem Thema, wird das auch unwiderruflich zu wiederkehrenden Aktionen dieses Thema betreffend führen.

Wobei Aktionen gleichermaßen darin bestehen etwas zu tun oder etwas **nicht** zu tun, etwas zu unterlassen, etwas zu vermeiden. Auch das sind Aktionen.

Und all diese Aktionen – positive wie negative, aktive wie passive, Handlungen wie Unterlassungen beruhend auf Ihren zuvor gefassten Gedanken, führen zu Ergebnissen auf eben diesem Gebiet.

Hier noch einige weitere Bespiele zur Verdeutlichung dieses Konzeptes:

„Wir sind das, was wir wiederholt tun.“
(Aristoteles, Universalgenie)

Wenn sich Ihre Gedanken immer wieder darum drehen, wie Sie andern Menschen helfen können, werden Sie ein ziemlich hilfsbereiter Mensch sein und schon vielen Menschen geholfen haben.

Wenn Sie im Gegensatz immer nur an sich selbst denken und keinen Gedanken an andere Menschen „verschwenden“, werden Sie ein ausgemachter Egoist sein, der kaum jemandem hilft (und **dem** kaum jemand hilft).

Wenn sich Ihre Gedanken immer wieder darum drehen, wie Sie Ihren Körper in Form halten, sich gesund zu ernähren und zu leben, werden Sie fit sein.

Wenn sich Ihre Gedanken dagegen überwiegend darum drehen, dass Ihnen Ihr Aussehen und die überflüssigen Pfunde überhaupt nicht gefallen, dass es einfach zu schwer und anstrengend ist abzunehmen und Sie sowieso viel zu wenig Zeit haben sich gesund zu ernähren, dann werden Ihnen die überflüssigen Pfunde weiter lästig sein, es wird zu anstrengend für Sie sein abzunehmen, und Sie werden auch in Zukunft keine Zeit haben, sich gesund zu ernähren.

Wenn sich Ihre Gedanken überwiegend darum drehen, wie Sie genügend Geld verdienen können, um am Ende des Monats nicht pleite zu sein, werden Sie gerade genügend Geld verdienen, um genau das zu sein: nicht pleite (aber auch keinen Cent mehr).

Wenn Sie dagegen überwiegend daran gedacht haben, wie Sie finanziell unabhängig werden können oder ein Filmstar, dann sind Sie es auch.

Und wenn Sie überwiegend an nichts gedacht haben, dann haben Sie auch nichts und sind vergleichsweise nichts.

„Den Schlüssel zum Erfolg kenne ich nicht, aber der Schlüssel zum Misserfolg ist der Versuch, allen gefallen zu wollen."
(Bill Cosby, Entertainer)

Gerade die beiden letzten Behauptungen werden bei dem einen oder anderen Leser zu vehementem Widerspruch führen. Wer bereit ist sich dem Widerspruch zu stellen und eine andere Sichtweise zumindest anhören kann, liest weiter. Von den anderen verabschieden wir uns hier – und wir tun es gerne.

Wenn ich sage: denken Sie dran und Sie werden es (z.B. reich oder ein Filmstar), sagen Sie vermutlich:
„Ein Freund von mir denkt seit seiner Jugend daran, wie er ein Filmstar werden kann und er hat noch nicht mal eine Nebenrolle in der Lindenstraße bekommen!" oder „Mein Nachbar ist so strohdumm, der kann gar nicht denken, aber er fährt einen dicken Mercedes!"

Auf den ersten Blick betrachtet mögen solcherart Einwände richtig sein. Warum sie bei näherer Betrachtung nicht berechtigt sind, werden Sie nach der Lektüre von GEDANKEN-DOPING verstehen. Drei Absätze weiter unten kommt schon der erste Fingerzeig ...

Zurück zu unseren Gedanken. Wie lautete das universale Gesetz doch noch gleich?

Wer Sie sind, was Sie sind, wie Sie sind und wo Sie in Ihrem Leben gerade stehen, ist das direkte Resultat der Gedanken, die Sie in Ihrem bisherigen Leben **überwiegend** gehabt haben.

„Das Leben besteht aus dem, woran der Mensch den ganzen Tag denkt." (Ralph Waldo Emerson, Philosoph)

Warum ist das so? Warum werden die einen zu hilfsbereiten Menschen die anderen zu Egoisten? Warum müssen die einen immer den Euro in der Hand umdrehen, während andere im Geld ersticken? Warum sind die einen berühmt und die anderen haben nichts?

Warum ist die Gesamtheit unseres aktuellen Lebens, wer wir sind, was wir sind, wie wir sind und wo wir gerade stehen, das direkte Resultat der Gedanken, die wir in unserem bisherigen Leben **überwiegend** gehabt haben?

Friedrich Hebbel hat es am einfachsten ausgedrückt:
„Der Mensch ist, was er denkt."

James Allen mit einem kleinen aber wichtigen Zusatz: „Wie man in seinem Herzen denkt, so ist man."

Dieser kleine aber wichtige Zusatz betrifft Gefühle.

Was Sie denken – und vor allem, was Sie davon glauben, bestimmt Ihre tägliche Realität.

Fingerzeig (wie weiter oben versprochen...)
Ich kann mir 100.000.000 Mal und jahrzehntelang sagen, ich werde ein Filmstar. Wenn ich im Grunde meines Herzens nicht daran glaube, nützt mir das gar nichts. Nada, null, niente, zero!

„Wenn du glaubst du kannst, kannst du auch." (Maxwell Maltz, Arzt)

Demgemäß wird alles was ich denke und als **wahr und richtig** betrachte sich in meiner täglichen Realität manifestieren.

Dabei kann es Jahre dauern, bis etwas als wahr und richtig gedacht zur Realität wird. Egal aber wie schnell die Gedanken zur Realität werden, eines ist sicher: je öfter sie gedacht werden, desto schneller und unverrückbarer werden sie zur Realität.

„Alles wanket, wo der Glaube fehlt." (Friedrich von Schiller, Dichter)

Es ist also für die Ergebnisse, die jeder einzelne Mensch in seinem Leben erreicht, existentiell wichtig, was und woran er überwiegend denkt und was er davon als wahr und richtig anerkennt, was er davon aus tiefstem Herzen glaubt.

Es ist wie mit den Pflanzen auf Ihrem Balkon oder in Ihrem Garten. Ebenso wie diese aus einem Samen gewachsen sind, liegen Ihren Resultaten im Leben Handlungen zugrunde, die wiederum auf Gedanken zurückgehen, die Sie zuerst gedacht und als wahr und richtig für sich anerkannt haben.

„Achte auf deine Gedanken, sie werden zu Worten.
Achte auf deine Worte, sie werden zu Taten.
Achte auf deine Taten, sie werden zu Gewohnheiten.
Achte auf deine Gewohnheiten, sie prägen deinen Charakter.
Achte auf deinen Charakter, er bestimmt dein Schicksal."
(Frank Outlaw, unbestätigt)

Und wie jedes Samenkorn bestimmte Bedingungen benötigt, um zu einer starken, fruchtbaren Pflanze zu werden, benötigt jeder Gedanke, der sich zu einer starken Handlung und zu einem fruchtbaren Resultat entwickeln soll, bestimmte Bedingungen.

Das Wasser für den Samen ist das Wissen um die Richtigkeit seiner selbst für den Gedanken.

Die Sonne für den Samen ist die tägliche Beschäftigung mit diesem Gedanken.

Die Nährstoffe und Mineralien für den Samen sind die aus dem Gedanken resultierenden Handlungen, die den Gedanken verstärken und wachsen lassen.

Der buddhistische Mönch und Zen-Meister Thich Nhat Hanh hat diese Pflanzen-Gedanken-Analogie unter anderem in seinem Buch „Ein Lotos erblüht im Herzen – Die Kunst des achtsamen Lebens" ausführlich dargestellt:

„Traditionelle Schriften beschreiben das Bewusstsein als ein Feld, ein Stück Land, auf dem alle möglichen Arten von Samen gesät werden können – Samen für Leiden, für Glück, Freude, Kummer, Furcht, Ärger und Hoffnung. Und das Speicherbewusstsein wird auch als ein Vorratslager beschrieben, das mit all unseren Samen angefüllt ist. Sobald ein Same sich in unserem geistigen Bewusstsein manifestiert, wird er stets kraftvoller ins Vorratslager zurückkehren.
Die Qualität unseres Lebens hängt von der Beschaffenheit der Samen in unserem Speicherbewusstsein ab."

(Thich Nhat Hanh: „Ein Lotos erblüht im Herzen – Die Kunst des achtsamen Lebens", 1. Auflage 1992, Wilhelm Goldmann Verlag, S. 35)

Womit wir uns also in Gedanken beschäftigen – und ebenso wichtig: womit wir uns nicht beschäftigen – führt zu Handlungen oder Unterlassungen, die wiederum zu Ergebnissen führen und voilá, dahin, was unsere tägliche Realität ausmacht.

Paart sich ein bestimmter Gedanke mit den beiden Worten „ich kann", führt dies zu einer Handlung (und vielen Folgehandlungen) die am Ende das gewünschte Resultat bringen.

Komme was da wolle!

Wenn Sie denken, Sie können 50 kg abnehmen, werden Sie das Gewicht verlieren.
Wenn Sie denken, Sie können einen Job finden, in dem Sie 10.000 Euro im Monat verdienen, werden Sie diesen Job finden.

> *„Das Leben ist wie ein Spiegel, der dem Denker reflektiert, was er in ihn hineindenkt."*
> *(Ernest Holmes, Prediger)*

Wenn Sie denken, Sie können Ihren Traumpartner finden, dann werden Sie ihn finden.
Wenn Sie denken, Sie können den Mount Everest besteigen, dann werden Sie ihn besteigen.
Wenn Sie denken, Sie können die vor Ihnen liegende schwierige Aufgabe lösen, dann werden Sie sie lösen.
Wenn Sie denken, Sie können die Krankheit besiegen, dann werden Sie sie besiegen.

Wenn Sie denken und **wenn Sie daran GLAUBEN**.

Oder um ein paar populäre Beispiele zu zeigen:

Als er dachte er könne Wimbledon als ungesetzter 17-jähriger gewinnen, tat er es – siehe Boris Becker.
Als er dachte er könne das größte Benefizkonzert der Welt veranstalten und damit Hunderttausende vor dem Hungertod retten, tat er es – siehe Bob Geldorf.

> *„Zyniker und Skeptiker glauben nicht an Wunder."*
> *(Lance Armstrong, Radsportler)*

Als er dachte er könne den Krebs besiegen, auch nachdem die Ärzte ihm sagten, er hätte nur noch sechs Monate zu leben, tat er es – siehe Lance Armstrong.

„Nicht den Berg bezwingen wir, sondern uns selbst.“ (Sir Edmund Hillary, erster Mensch auf dem Mount Everest)

Als er dachte er könne ohne einen einzigen Cent Eigenkapital das seinerzeit größte Bauvorhaben der Welt verwirklichen, tat er es – siehe Donald Trump.

Und um mit meinem eigenen bescheidenen Beispiel abzuschließen:
Erst als ich mit vollster Überzeugung dachte, ich könnte tatsächlich in meinem Traumland Australien mit 330 Tagen Sonnenschein im Jahr leben und Bücher schreibend am Strand sitzen, habe ich dieses Ziel verwirklicht.

Ein Wort der Klarstellung sei hier noch angebracht:

DENKEN ALLEIN GENÜGT NICHT!

Wer jetzt der Meinung ist, ach ist das schön, ich denke mir jetzt einfach mal den Lottogewinn oder den Posten als Chef oder den Traumpartner und wartet dann in gediegener Selbstzufriedenheit auf die wundersame Materialisierung des Gedankens, wird lange warten. Bis zum berühmten St. Nimmerleinstag um es präzise auszudrücken.

„Deine Welt ist der lebendige Ausdruck dessen wie du dein Denken benutzt und benutzt hast.“ (Earl Nightingale, Autor)

Nochmals: DENKEN ALLEIN GENÜGT NICHT!
Aber es ist DIE ENTSCHEIDENDE VORAUSSETZUNG, um das Ziel des Gedankens zu erreichen.

Wenn ich den Gedanken erst gar nicht denken kann, mir das Ziel in Gedanken nicht vorzustellen vermag, werde ich es auch nie erreichen.

Erst der Gedanke gefolgt von einer entsprechenden Handlung bringt das erwünschte Resultat!

Um eben diese Handlung auszulösen und voranzutreiben ist ein weiterer Gedanke bzw. das Bewusstsein von zwingender Bedeutung. Das Bewusstsein, der Gedanke sei WAHR und RICHTIG, das Bewusstsein

„Erfolg kommt, wenn man sich selber folgt."
(Klaus Kobjoll, Hotelier)

ICH KANN

„Ich kann!" ist einer der stärksten und machtvollsten Gedanken der Menschen.

Henry Ford wird folgendes Zitat zugeschrieben:
„Ob du denkst du kannst es, oder du denkst du kannst es nicht, du wirst in beiden Fällen Recht behalten."

(„Think you can, think you can't;
either way you'll be right.")

Womit sich die Kehrseite der Medaille zeigt:
Wer denkt sie/er kann **NICHT**, wird auch nicht können

„Unsere Furcht davor zu weit zu gehen, hindert uns meistens daran weit genug zu gehen."
(John Harricharan, Autor)

Wer denkt, ich kann nicht 50 kg abnehmen, wird das Gewicht auch nicht verlieren.
Wer denkt, ich kann nicht den Job finden, in dem ich 10.000 Euro im Monat verdiene, wird diesen Job auch nicht finden.
Wer denkt, ich kann nicht meinen Traumpartner finden, wird ihn auch nicht finden.
Wer denkt, ich kann nicht den Mount Everest besteigen, wird ihn auch nicht besteigen.
Wer denkt, ich kann nicht die vor mir liegende schwierige Aufgabe lösen, wird sie auch nicht lösen.
Wer denkt, ich kann nicht die Krankheit besiegen, wird sie auch nicht besiegen.

Denn wer denkt ich kann nicht, **der glaubt auch nicht**.

Solcherart negative und selbstzweifelnde Gedanken halten Menschen von der Erfüllung ihrer Träume ab.

Die drei kleinen Worte: **ich kann nicht** haben Macht über Millionen, denen gesagt wird, können komme von Kunst, und sie seien ja wohl keine Künstler. Denen ihre Eltern und Lehrer predigten, welche Versager sie seien, wenn sie nur einen Teller zerschmissen oder eine fünf in der Klassenarbeit schrieben. Deren Trainer sie verhöhnten und auslachten, wenn sie den Ball am leeren Tor vorbeischossen oder vom Schwebebalken fielen. Deren Ausbilder und Lehrmeister bei jedem Fehler ein verächtliches Gesicht zogen, und deren Loser-Freunde, Loser-Partner und Loser-Kollegen durch ein gebetsmüh-

„Andere zu kritisieren ist viel einfacher als selbst alles richtig zu machen." (Benjamin Disraeli, Politiker)

lenhaftes Wiederholen des „du kannst nicht“ diese negative Ausrichtung und Verkrüppelung der eigenen Handlungsfähigkeit Tag für Tag bestätigen, verstärken, zementieren, bis sie so stark wird, dass mindestens ein Leopard-Panzer benötigt wird, um diese Festung zu brechen, **weil diese Menschen am Ende tatsächlich glauben, sie können nicht**.

Dabei ist dieser Satz „du kannst nicht“, vielfach nur die Umkehrung des „wie kannst Du es wagen“....
..... daran zu denken, den Chefposten zu bekommen,
wie kannst Du es wagen, daran zu denken, der Traumtyp, der aussieht wie Brad Pitt, würde Dich zum Essen einladen,
wie kannst Du es wagen, daran zu denken, mit 25 Jahren die erste Million verdient zu haben,
wie kannst Du es wagen, daran zu denken, Dich für die Olympischen Spiele zu qualifizieren,
wie kannst Du es wagen, daran zu denken, Dein Buch würde mit dem Pulitzer-Preis ausgezeichnet werden,
wie kannst Du es wagen, daran zu denken, in einem Haus mit 7 Zimmern und Swimmingpool zu leben,
wie kannst Du es wagen, daran zu denken, dass Du eine entscheidende Erfindung machst
usw., usw., bla, bla, bla ....

„Bescheidenheit ist eine Zier, doch weiter kommst Du ohne ihr.“ (Deutsches Sprichwort)

Hier werden (deutsche) Tugenden, geboren im vorletzten Jahrhundert, beschworen. Tugenden von Genügsamkeit, Enthaltsamkeit und vor allem Bescheidenheit.

„Die Menschen sind nicht Gefangene des Schicksals, sondern nur ihres Denkens.“ (Franklin D. Roosevelt, Präsident)

Ich nenne sie Selbstzweifel, Angst und Minderwertigkeitsgefühl – die unseligen Begleiter von viel zu vielen Menschen.

Der simple Gedanke „ich kann nicht", immer wieder manifestiert und durch daraus resultierende gescheiterte oder unterlassene Aktionen aufs neue zur eigenen Realität geworden und bestätigt, führt zu einem mittelmäßigen, frustrierenden, unerfüllten Leben.... **bis die Person aktiv diese negativen Gedanken verändert**.

Einer meiner Klienten, Peter Ho, war der festen Überzeugung sich in geschäftlichen Angelegenheiten nur innerhalb seiner Familie beraten zu lassen. Ratschläge von außerhalb seien schlecht oder gefährlich, weil niemand das Geschäft so gut verstehen würde, wie die um das Wohl des Sohnes sorgende Familie. Peter ist Sohn chinesischer Einwanderer. Die Familientradition zu ändern, kam ihm nie in den Sinn – auch als die Geschäftsentwicklung immer negativer wurde.
Als Peter eines meiner Seminare besuchte, stellte diese Tradition zunächst ein großes Hindernis dar. Mit der Zeit war es ihm allerdings möglich Alternativen zuerst zu „überlegen" und dann als für sich selbst gültig zu erkennen.
Daraufhin dachte er fast ausschließlich, aus welchen außerfamiliären Quellen er Ratschläge einholen könne.

> *„Tradition ist die Illusion der Dauerhaftigkeit."*
> *(Woody Allen, Regisseur)*

Diesem Wechsel in der Art zu denken, folgte der Mut etwas auszuprobieren, womit der Glaube an die Alternativen wuchs – und damit der Profit des Unternehmens.

Anders ausgedrückt (zum wiederholten Male, ich gebe es zu, aber in der Wiederholung liegt eine magische Kraft, wie wir gerade gesehen haben!):

„Deine Grenzen wehren nicht nur andere Menschen ab – sie sperren dich auch ein."
(Michael Oliver, Autor)

Was Sie sind und was Sie haben, in Ihren materiellen wie nicht materiellen Besitztümern, in Ihrem Charakter wie in Ihrem Hab und Gut – sprich: Ihr gesamtes Dasein ist das direkte Resultat all dessen, was Sie bis zum jetzigen Zeitpunk gedacht – oder eben auch nicht gedacht haben.

Diese Erkenntnis ist vor allem wichtig für die, die bisher nicht den gewünschten Erfolg in ihrem Leben hatten. Denn was Sie bis jetzt getan haben, müssen Sie nicht zwangsläufig bis zum Ende ihrer Tage machen.
Auch wenn es nicht einfach ist, die gewohnten Denkmuster zu durchbrechen. Es ist jederzeit möglich. Die Vergangenheit können Sie nicht mehr ändern, wohl aber die Zukunft.

„Wer immer nur das tut, was er immer getan hat, wird auch immer nur das bekommen, was er immer bekommen hat."
(Sprichwort)

Ändern Sie Ihre Gedanken und ändern Sie damit Ihre Ergebnisse.

Lassen Sie uns an dieser Stelle etwas tiefer in dieses Konzept eindringen.
Lassen Sie uns an dieser Stelle überlegen, warum Sie momentan nicht das sind, oder das haben, was Sie gerne sein oder haben möchten.

„In der Macht sich selbst zu ändern, liegt die Macht die Welt zu ändern.“
(Anwar el Sadat, Politiker)

Es liegt nicht daran, dass Sie keine Chance hatten im Leben.
Es liegt nicht daran, dass sich Ihre Eltern scheiden ließen.
Es liegt nicht daran, dass Sie keine gute Schulbildung hatten.
Es liegt nicht daran, dass sich die ganze Welt gegen Sie verschworen hat.
Es liegt nicht daran, dass Sie nie Glück hatten im Leben.
Es liegt nicht daran, was andere Menschen – Ihre Umwelt – für oder gegen Sie getan hat.

Die Aktionen anderer Menschen – Ihrer Umwelt – was diese tun oder lassen, mögen Ihre Bewegung hin zu Ihrem Ziel verlangsamen oder beschleunigen, aber sie können sie nicht verhindern – wenn **SIE** es nicht zulassen.

„Einige Leute behaupten ich sei ein glücklicher Golfer. Aber wissen Sie was? Je härter ich trainiere, desto mehr Glück habe ich.“
(Gary Palmer, Golfprofi)

Und wenn diese Bewegung nicht zu verhindern ist, **MÜSSEN SIE** früher oder später ihr Ziel erreichen – was auch immer Ihr Ziel ist.

Ihr Umfeld mag Ihnen Steine in den Weg legen, aber diese Steine werden Sie nicht aufhalten.

Ihre Umwelt mag Sie mit Erdbeben, Stürmen und Fluten erschüttern, aber diese Naturkatastrophen werden Sie nicht aufhalten.

Das Universum, Gott oder wer auch immer, mag Ihnen alle nur erdenklichen Hindernisse in den Weg stellen, aber diese Hindernisse werden Sie nicht aufhalten.

> *„Man kann den Menschen nicht verwehren zu denken, was sie wollen."*
> *(Friedrich von Schiller, Dichter)*

Eine kleine Randbemerkung für die Nihilisten unter Ihnen, wiewohl ich bezweifele, dass diese es geschafft haben, bis hierher zu lesen:
Selbstverständlich kann man jeden Menschen aufhalten, indem man ihm eine Kugel in den Kopf jagt. Das passiert, entspricht jedoch nicht den normalen Lebensumständen in Deutschland oder Australien.
Selbstverständlich kommen Menschen bei Naturkatastrophen oder Unfällen ums Leben. Das trifft aber – zum Glück – vor allem dort wo Sie wohnen und wo ich wohne nur für eine verschwindend kleine Minderheit zu.
Dort, wo viele Menschen betroffen sind (Tsunami in Südostasien, Erdbeben in Pakistan, Hungerkatastrophen in Afrika z.B.) müssen die, die in eher sicheren Verhältnissen leben, helfen.
Für alle Menschen aber gilt, egal ob in Europa, Australien, Afrika, Asien oder Amerika:
Solange der Mensch lebt, hofft er und versucht – basierend auf seinen Gedanken, die seine Realität bestimmen – das Beste aus seinem Leben zu machen.
Zurück zu den Hindernissen dieses Lebens – und zwar denen des nicht existentiell bedrohten Mittel-Europäers oder Australiers.

„Es gibt nur eine Mannschaft, die uns schlagen kann – das sind wir selbst!"
(Franz Beckenbauer, Kaiser)

Das einzige, was Sie aufhalten kann, haben Sie sich erst auf Ihren Weg gemacht und (weitaus öfter) das einzige, was Sie zurückhalten kann, diesen Weg überhaupt erst zu beginnen, sind

SIE SELBST

Wie gesagt....
„Ob du denkst du kannst es, oder du denkst du kannst es nicht, du wirst in beiden Fällen Recht behalten."

Erst wenn Sie aufgeben, sind Sie geschlagen. Erst wenn Sie sagen, ich kann nicht, werden Sie nicht mehr können. Eben das ist der große Unterschied zwischen Siegern und Verlierern.

„Wenn du zu hundert Prozent die Verantwortung für deine Erfahrungen übernimmst, gewinnst du zu hundert Prozent die Kraft, die Erfahrungen zu machen, die du machen möchtest."
(Alan Cohen, Autor)

Der Verlierer gibt sich geschlagen, der Sieger schaut sich an, was nicht funktioniert hat, ändert etwas und macht sich wieder auf den Weg.

Dieses Vermögen, einzuhalten, zu überlegen, zu analysieren und zu ändern, ist mentale Arbeit, und wird zuallererst in Gedanken erledigt.

Erfolg oder Misserfolg im Leben, Sieg oder Niederlage wird in den rund 1,5 Litern weißer Masse zwischen unseren Ohren entschieden – dem Gehirn.

Erfreulicherweise lässt sich dieses Gehirn trainieren. Alles was wir ihm an Reizen zuführen wird verarbeitet. Je mehr Reize einer bestimmten Form wir ihm zuführen, desto gründlicher seine Verarbeitung, desto besser seine Resultate auf diesem Gebiet.

Demgemäß führen veränderte Gedanken zu veränderten Aktionen, welche wiederum zu veränderten Resultaten führen.

„Mensch sein heißt ja niemals, nun einmal so und nicht anders sein müssen – Mensch sein heißt immer, immer auch anders werden können.“
(Viktor Frankl, Psychologe)

Womit wir wieder bei der Aufforderung stehen:

Ändern Sie Ihre Gedanken und ändern Sie damit Ihre Ergebnisse.

Wer immer nur das tut, was alle tun, wird auch immer nur bekommen, was alle bekommen – und wer immer nur das gleiche tut, wird auch immer nur die gleichen Resultate erreichen.

Wer mit den Resultaten nicht zufrieden ist, muss die Aktionen, die zu diesen Resultaten führen, ändern, muss dafür zuallererst ändern, was und wie er denkt.

„Beginne mit dem Notwendigen, dann mit dem Möglichen und plötzlich wirst du das Unmögliche tun."
(Franz von Assisi, Heiliger)

Mit anderen Worten, wenn wir gedanklich neue Wege beschreiten, werden wir neue Dinge entdecken, die zu neuen Handlungen und damit zu neuen Resultaten führen.

Sicherlich lässt sich dies nicht von heute auf morgen erreichen. Trainingseffekte zeigen sich erst nach einer bestimmten Zeit. Aber anfangen können wir sofort. Hier und jetzt.

„Wenn man seinen Geldbeutel in seinen Kopf ausleert, kann einem das niemals weggenommen werden. Eine Investition in Wissen bring immer die besten Zinsen."
(Benjamin Franklin, Präsident und Erfinder)

Wir alle können das, was wir sein wollen und das, was wir haben wollen zu allererst durch eine Änderung unserer Gedanken und dann durch eine Fokussierung auf diesen Gedanken erreichen. Wenn wir uns konstant und systematisch mental mit einem Ziel immer und immer wieder beschäftigen, werden wir dieses Ziel erreichen.

Wenn Sie es wirklich wollen, werden Sie
- ein Buch schreiben
- den Mount Everest besteigen
- Fallschirmspringen lernen
- sich mit Ihren Eltern versöhnen
- Millionen an der Börse machen
- regelmäßig Sport treiben und in Form kommen
- ein Häuschen am Strand besitzen

- sechs Monate Urlaub im Jahr haben
- im Fernsehen auftreten
- Ihrem Chef die Kündigung auf den Tisch knallen
- eine Schule in Afrika gründen
- alternativen Energiequellen weltweit zum Durchbruch verhelfen
- für mehr Ehrlichkeit in der Politik sorgen
- vor 70.000 Menschen in der Allianz Arena sprechen
- einen Porsche besitzen
- aufhören für jemanden anderen zu arbeiten
- aufhören zu rauchen
- eine wichtige Erfindung machen
- keinen Stress mehr haben
- den Partner fürs Leben finden
- die Schulden auf Ihrem Konto tilgen
- eine eigene Firma gründen
- finanzielle Freiheit genießen
- zum Mond fliegen
- 50.000 Euro in 24 Stunden verdienen
- vor der UNO sprechen
- die kleinen Dinge des Lebens richtig schätzen
- einen Marathon laufen
- inneren Frieden finden
- mit dem Motorrad durch Vietnam reisen
- tragen Sie hier Ihren Wunsch ein
- und hier noch einen
- und noch einen...

„Ein Mensch, der sich ernsthaft ein Ziel gesetzt hat, wird es auch erreichen." (Benjamin Disraeli, Politiker)

o.k. Sie haben es begriffen!

„Wer all seine Ziele erreicht, hat sie zu niedrig gewählt.“
(Herbert von Karajan, Dirigent)

Um all das und noch viel mehr zu erreichen, müssen Sie nicht König von Deutschland werden (um mit Rio Reiser zu sprechen...) sondern nur König des Territoriums unter Ihrer Schädeldecke.

„Verändere die Betrachtungsweise von Dingen und die Dinge, die du betrachtest, werden sich ändern.“
(Dr. Wayne Dyer, Autor)

Um all das und noch viel mehr zu erreichen, muss eine Veränderung nicht in Ihrer äußeren Welt stattfinden, sondern zuallererst und vor allem in Ihrer inneren Welt. In Ihren Gedanken. In Ihrem Kopf.
SIE entscheiden zu 100%, komplett, absolut, **WOMIT** Sie sich dort beschäftigen.

„Die große Chance nach der du suchst liegt in dir selbst. Sie liegt nicht in deiner Umwelt, weder ist es Glück oder Pech, noch die Hilfe anderer – die große Chance liegt nur in dir selbst.“
(Orison Swett Marden, Autor)

Wenn Sie dieses Konzept, dieses universale Gesetz begriffen haben und zur Anwendung bringen, haben Sie mehr erreicht als die große Mehrheit aller Menschen, die immer wieder äußere Umstände für das Scheitern Ihrer Ziele (sofern sie überhaupt welche haben...) verantwortlich machen.

Diese Mehrheit lamentiert, jammert und beschwert sich tagaus, tagein über:

- ihren Chef
- die Politik
- den Partner
- die Eltern
- die Banken
- die Wirtschaft
- die Amerikaner
- die Franzosen
- die Engländer (um nur einige zu nennen)
- den Schiedsrichter
- den Nachbarn
- die Kollegen
- die Unehrlichkeit der Menschen
- die Gier multinationaler Konzerne
- die Mullahs
- die Priester
- die Umstände
- das Schicksal
- die Kinder
- die Müllabfuhr
- den Busfahrer
- die Technik
- die Natur
- das Alter
- die Jugend
- das Auto
- die Schule

„Man kann nicht klar denken, wenn die Fäuste geballt sind."
(George Jean Nathan, Verleger)

„Selbstmitleid ist mit Abstand das schädlichste nicht pharmazeutische Betäubungsmittel, es macht süchtig, beschert kurzzeitig eine Art Wohlgefühl und isoliert sein Opfer von der Wirklichkeit."
(John W. Gardner, Pädagoge)

- den lieben Gott
- das Wetter

und was Sie sich sonst noch an Hunderten von Gründen ausdenken können, woran **DIE ANDEREN** oder **DAS ANDERE** schuld sind.

„Die Suche nach Sündenböcken ist von allen Jagdarten die einfachste." (Dwight D. Eisenhower, General und Präsident)

Dieses Verhalten, dieses Schuld-zuweisen, im englischen blame-game genannt, beginnt schon sehr früh in der Kindheit.

In einem Skiurlaub in der Schweiz wurde ich einmal Zeuge einer Auseinandersetzung zwischen einer Mutter mit ihrem ca. sechsjährigen Sohn. Der Knabe saß zeternd im Schnee, neben sich ein Paar Handschuhe.
„Das hast Du nun davon, dass ich kalte Hände habe", jammerte er, „warum kaufst Du mir auch nicht die roten Handschuhe."

Sich die anderen im Schnee liegenden Handschuhe (nicht die gewünschten Ferrariroten) überzustreifen, um wieder warme Hände zu bekommen, kam dem Jungen offensichtlich gar nicht in den Sinn. Er hatte schon früh „gelernt" **andere**, in diesem Fall seine Mutter, für **seine** Probleme verantwortlich zu machen.
Verschlimmert wurde die Sache dadurch, dass die Mutter dem Jungen dann die Ferrariroten-Handschuhe kaufte. Damit

„Wir finden immer eine Möglichkeit, etwas Unsinniges zu tun, um ja nicht tun zu müssen, was wir eigentlich tun müssten." (Melody Beattie, Schriftstellerin)

manifestierte sich in dem Kind natürlich, dass die Mutter tatsächlich „schuld" an seinen kalten Händen war.
Die eigene Verantwortung einfach wegzuschieben hatte der Knabe schon früh gelernt.
Ein Verhalten, das viele von uns ebenso gelernt und – leider – verinnerlicht haben.

Doch der Mensch ist in der Lage umzulernen.

Womit wir einmal mehr bei unserem universalen Gesetz sind:

Was Sie sind und was Sie haben, in Ihren materiellen wie nicht materiellen Besitztümern, in Ihrem Charakter wie in Ihrem Hab und Gut – sprich: Ihr gesamtes Dasein ist das direkte Resultat all dessen, was Sie **bis zum jetzigen Zeitpunkt gedacht** – oder eben auch nicht gedacht haben.

Also ändern Sie Ihre Gedanken und ändern Sie Ihre Realität.
Und damit können Sie **JEDERZEIT** beginnen. Nicht morgen, nicht nächste Woche, nicht nächstes Jahr. **JETZT UND SOFORT** ist die Devise.

„Du musst nicht großartig sein, um etwas zu beginnen – aber du musst etwas beginnen, um großartig zu sein."
(Zig Ziglar, Autor)

Wann immer Sie wollen, können Sie ändern, womit Sie sich in Gedanken überwiegend beschäftigen, wodurch Sie Ihre Aktionen ändern und womit Sie das erreichen im Leben, was Sie wirklich wollen.

Sie müssen nur wollen.

„Gehe du deinen Weg und lass die Leute reden."
(Dante Alighieri, Dichter)

Die Liste der Menschen, die sich der Macht der Gedanken bedienten, um auch größte Widerstände und Hindernisse zu überwinden, um ihr Ziel zu erreichen, ist lang.

- Walt Disney
- Axel Springer
- Madonna
- Max Schmeling
- Richard Branson
- Michael Dell
- Bill Gates
- Günter Jauch
- Jochen Zeitz
- Roland Emmerich
- Russel Crowe
- Und, und, und

„Den Weg zu den Quellen findest Du nur, wenn Du gegen den Strom schwimmst."
(Laotse, Weiser)

Es gibt unzählige „vom Tellerwäscher zum Millionär-" oder „gegen alle Widerstände-Erfolgsstories".

„Hindernisse machen uns groß."
(André Chénier, Lyriker)

Im Gegensatz zu den Menschen, deren gedankliche Hauptbeschäftigung darin liegt, die Schuld bei anderen zu suchen (und zu finden) und damit weiterhin ein tristes Dasein zu führen, werden Sie von jetzt an durch positive und konstruktive

Gedanken Ihr Leben verändern. So wie die Walt Disneys und Axel Springers dieser Welt, werden Sie sich zum Erfolg „denken".

„Das, was jemand von sich selbst denkt, bestimmt sein Schicksal."
(Mark Twain, Schriftsteller)

Schreiben Sie es sich auf einen großen Zettel, Ihren Computerbildschirm und hinter die Ohren – vor allem aber in Gedanken fest:

Alle äußeren Umstände sind das Ergebnis von inneren gedanklichen Vorgängen. Das gilt für jeden Menschen mit dem Sie in Kontakt kommen – Sie selbst eingeschlossen!

Im nächsten Kapitel geht es darum, inwieweit Ihre Gedanken die äußeren Umstände Ihres Lebens bestimmen.

2 Wie und warum Gedanken Ihr tägliches Leben und Handeln bestimmen

Die folgende Metapher wurde von vielen großen Denkern der Antike über Mittelalter und Renaissance bis hin zu allen Selbsthilfegurus der Neuzeit benutzt:

Dein Verstand ist wie ein Garten

„Die Erde ist mein Altar, der Himmel ist mein Dom, die Gedanken sind mein Garten, das Herz ist mein Haus."
(Eden Ahbez, Dichter und Komponist)

Sie können Ihren Garten hegen und pflegen, in Ordnung halten und nach den Jahreszeiten bestellen – oder Sie können ihn verwildern, verkommen lassen, überwuchert mit Unkraut und Parasiten – die Entscheidung dazu treffen nur Sie allein.

Wer nicht bewusst seinen Garten kultiviert – das heißt: Unkraut jäten, wässern, Nährstoffe zuführen, beschneiden usw. – wird ihn verwildern lassen.

„Pflege Deine Gedanken wie der Gärtner seinen Garten. Dabei achte auf die Früchte genauso wie auf das Unkraut."
(Japanisches Sprichwort)

Wer nicht bewusst nahrhafte oder nützliche Pflanzen aussät und zur Reife und Blüte bringt, handelt, als würde er Unkrautsamen aussäen und diese wässern und ernähren.

Wer in seinem Garten (Leben) überwiegend Unkräuter (negative Dinge) findet, hat sich nicht bewusst dafür entschieden, überwiegend wertvolle Samen (positive Gedanken) von Pflanzen zu säen, deren Früchte (positive Ereignisse) er in der Zukunft gerne genießen möchte.

Anstatt sich zuallererst und vornehmlich um die wertvollen Samen (positiven Gedanken) zu kümmern, ist in solch einem Fall die (Gedanken-)Arbeit vernachlässigt und damit dem Unkraut (allem Negativem) Tür und Tor in diesem Garten geöffnet worden.

Leider geht es mit dem Verwildern des Gartens viel schneller als mit dem Kultivieren. Denn während Obst und Gemüse, Blumen und Rasen gehegt und gepflegt werden müssen für den gärtnerischen Erfolg, verbreiten und vermehren sich Unkräuter (negative Ereignisse) nahezu von selbst.

Wenn Sie Ihr Leben gezielt in die eigenen Hände nehmen und daran arbeiten wie in einem Garten, werden Sie auch die entsprechenden Erfolge haben.
Wenn Sie Ihr Leben dem Zufall überlassen, werden Sie auch ein vom Zufall bestimmtes Leben führen – eher: geführt bekommen.

„Wer wirklich etwas erreichen will im Leben, darf den Zufall nicht dem Zufall überlassen."
(Richard Branson, Milliardär)

Wobei auch die auf den ersten Blick positivsten Überraschungen, die zum Leben gehören wie das Salz in der Suppe, nicht immer zu einem positiven Gesamtergebnis führen müssen.

„Das Lottospiel ist nichts anderes als eine Steuer für Menschen, die stark im Hoffen und schwach im Rechnen sind."
(Woody Allen, Regisseur)

Ein Beispiel:
So führen die von so vielen Menschen sehnlichst herbeigewünschten „6 Richtigen" im Lotto nicht zwangsläufig ins ungetrübte Glück. Nach einer Studie in Australien war von den Millionären-über-Nacht nach einem Jahr fast jeder dritte bankrott und hatte mehr Schulden als zuvor.
Untersuchungen in Europa und den USA kommen zu ähnlich erschreckenden Ergebnissen.
Sie aber wollen kein erschreckendes Ergebnis – weder mit noch ohne Lottogewinn – Sie wollen ein befriedigendes, ein gutes, besser noch ein hervorragendes Ergebnis.

Was uns zurück zum Ausgangspunkt bringt:

Ändern Sie Ihre Gedanken und ändern Sie damit Ihre Ergebnisse.

„Es gibt nur eins, was auf Dauer viel teuerer ist als Bildung: keine Bildung."
(John F. Kennedy, Präsident)

Wer bewusst seinen Geist trainiert, bewusst Samen in Form von positiven Bildern und Gedanken aussät, sich bewusst durch Bücher, Seminare, Thai Chi, NLP, Meditation, Mastermindgruppen, Hörbücher und CD's, autogenes Training, EFT, Mind Mapping oder welche Technik und Form der Weiterbildung und Persönlichkeitsentwicklung auch immer seinem Ziel im Leben näher bringt, wird sehr schnell zwei erstaunliche Entdeckungen machen:

1. Sie/er wird feststellen, wie sich die sorgsam ausgesäten Gedanken entwickeln und zur Realität werden.

2. In dem Moment wo sie/er feststellt, wie sich diese positive Realität auf Grund der gehegten und gepflegten Gedanken manifestiert, werden Selbstbewusstsein und Glaube an das Erreichen der Ziele stark wachsen. Das gestiegene Selbstbewusstsein und der verstärkte Glaube wiederum sind wertvolle Nahrung für die positiven Gedankensamen, lassen diese wachsen und gedeihen – mit dem Ergebnis, dass die zugrunde liegenden Gedanken wieder verstärkt werden und damit dann wieder die Ergebnisse: Eine positive Kettenreaktion hat eingesetzt. Sicherlich kennen Sie auch diese Phasen im Leben, wo Ihnen oder jemand anderem alles gelingt. In diesem Fall wurde irgendwann zuvor eine solch positive Kettenreaktion ausgelöst.

„Die Analphabeten des 21. Jahrhunderts werden nicht diejenigen sein, die nicht Lesen und Schreiben können, sondern diejenigen, die nicht lernen, verlernen und wieder lernen.“ (Alvin Toffler, Schriftsteller)

Dabei kann es vorkommen, dass – völlig ungeplant – eine Kettenreaktion eine zweite in einem völlig anderen Bereich oder sogar in einer völlig anderen Person auslöst.

Die Geschichte von Tracy, einer meiner ersten Klientinnen (und meiner ersten **richtig** erfolgreichen) ist dafür ein gutes Beispiel.
Als Tracy im Februar 2003 zu mir kam, hatte ich gerade erst – eher nebenbei – mit dem Coaching begonnen.

Tracy hatte nach ihrem Studium in Design ihr eigenes Fashion Label gegründet und war nach knapp vier Jahren mit einer durchschnittlichen 80 Stunden Woche ziemlich am Ende. Geschäftlich wie privat stand sie kurz vor der Aufgabe.

„Grundsätze sind die herrschsüchtigsten aller Tyrannen, wenn man sie gewähren lässt."
(Charles M. de Talleyrand, Staatsmann)

Innerhalb weniger Wochen schafften wir es, zwei ihrer tief verwurzelten Glaubensgrundsätze zu „entwurzeln" und ihr einen neuen Focus zu verschaffen. Statt wie bisher der festen Überzeugung zu sein, dass nur wer sieben Tage in der Woche hart arbeiten würde auch erfolgreich sein könne, lenkten wir den Focus auf das was wirklich wichtig ist und nur von ihr erledigt werden konnte.
Auch ihre Ansicht geschäftlicher Erfolg würde Erfolg im Privatleben nicht zulassen wurde ersetzt. Der Focus richtete sich hier auf die Möglichkeiten, wie Beruf und Privatleben nicht nur erfolgreich zu koordinieren sind sondern sich auch in Harmonie ergänzen lassen.

„Denken ist der Beginn einer Veränderung."
(Immanuel Kant, Philosoph)

Die Veränderung in der Ausrichtung von Tracys Gedanken löste gleich mehrere Kettenreaktionen aus: Zunächst war sie nunmehr in der Lage sich selbst in den Mittelpunkt ihres Lebens zu stellen und nicht mehr ihre Karriere. Nach der Umstellung ihres Terminplanes stellte sie auch ihre Ernährung um, was zu verbesserter körperlicher Leistungsfähigkeit, besserem Schlaf und 12 Kilo Gewichtsverlust führte.

Nicht weniger wichtig war ihr wiedergewonnenes Selbstbewusstsein in ihrem Fashion Business. Durch die Reorganisation ihrer Firma und das delegieren zeitraubender Tätigkeiten, hatte sie mehr Zeit sich um Ihre Kernaufgabe das Designen zu kümmern, mit der Folge, dass ihre nächste Kollektion ein durchschlagender Erfolg wurde und der Verlust von 185.000 $ im Finanzjahr 2002-3 zu einem Gewinn von 129.000 $ im Finanzjahr 2003-4 wurde.

„Erfolg ist weder Magie noch ein Geheimnis. Erfolg ist das natürliche Ergebnis dauerhaft angewandter einfacher Grundlagen."
(Jim Rohn, Autor)

Dem geschäftlichen folgte der private Umschwung auf dem Fuße. Im August 2004 wurde Tracy Mutter und erfüllte sich damit einen ihrer sehnlichsten Wünsche.

All dies führte in gewisser Weise auch zu einer positiven Kettenreaktion bei mir. Durch Tracys Erfolg ebenso angespornt wie in meiner Vorgehensweise bestätigt, entwickelte ich während unserer Zusammenarbeit, meine beiden Powertools Minddoping Repattering® und das Minddoping Control System®, die mittlerweile so erfolgreich sind, dass ich nur noch auf Empfehlung neue Klienten annehme.

„Wer denkt und anderen zu denken gibt, löst eine Kettenreaktion aus."
(Curt Martens, Autor)

Zurück zu den positiven Gedankensamen und der beschriebenen Kettenreaktion:

Die Erfahrung einer positiven Kettenreaktion hat zwei erfreuliche Effekte:

Je mehr Sie in der Realität den Beweis dafür erhalten, wie sich Ihre sorgsam gehegten und gepflegten positiven Gedanken in Ihrem Leben manifestieren, desto schneller werden Sie

1. an das Ziel Ihrer Wünsche kommen und
2. in der Zukunft dieses Konzept auf alle möglichen Bereiche Ihres Lebens anwenden und zu positiven Ergebnissen, sprich Erfolgen kommen.

Wichtig ist es, den ersten Schritt in die richtige Richtung zu tun. Kommt Ihr Erfolgszug nach den ersten schweren Metern erst einmal ins Rollen, benötigen Sie weitaus weniger Kraft ihn in Bewegung zu halten, als Sie benötigten, ihn zuerst einmal in Bewegung zu versetzen. Sie werden eine Sieger-Erfahrung machen:

„Erfolg zieht Erfolg an“

„Früher oder später sind die Gewinner diejenigen, die glaubten, sie könnten gewinnen.“ (Richard Bach, Schriftsteller)

„Seeing is believing“ lautet ein Wahlspruch aller positiv denkender Menschen – sehen heißt glauben. Und nichts schlägt das Erlebnis zu sehen, wie sich die eigenen Gedanken zu handfesten Resultaten im eigenen Leben manifestieren. Das berauscht nahezu und verlangt nach mehr.

Das Ganze hat natürlich auch wieder zwei Seiten, denn im umgekehrten Sinn gilt das selbstverständlich auch.

Sicherlich kennen Sie Menschen, denen nichts aber auch gar nichts recht ist im Leben. Die nur nörgeln, sich beschweren und die Schuld bei anderen suchen. Diese Menschen sind süchtig danach, ein Haar in der Suppe zu finden, einen Fehler bei einem Kollegen, Freund, Partner oder Nachbarn zu entdecken und anderen (sowie sich selbst!) das Leben so richtig „schön" zu vermiesen.

„Neunundneunzig Prozent allen Versagens wird durch Leute verursacht, die es sich zur Gewohnheit gemacht haben, Ausreden zu haben." (George W. Carver, Chemiker)

Viele Menschen haben es auf diesem Gebiet nachgerade zur Meisterschaft gebracht. Sie sind absolute Champions des Nörgelns statt Champions des Lebens und der Freude.

Auch wenn die Mehrheit sicherlich nicht dieser Super-Motzki-Kategorie angehört, müssen wir uns wohl alle eingestehen, dass zumindest ein kleiner Teil eines solchen Negativ-Champions in uns allen steckt.
Es muss ja nicht gleich der gesamte Garten der Gedanken mit Unkraut überwuchert sein.

„Sei vorsichtig mit der Wahl deines Umfeldes, weil es dich formen wird. Sei vorsichtig in der Wahl deiner Freunde, weil du werden wirst wie sie." (W. Clement Stone, Autor)

> *„Wie der Gärtner, so der Garten."*
> *(Hebräisches Sprichwort)*

In bestimmten Bereichen, ganz bestimmten Beeten, lassen wir jedoch alles zuwachsen. In diese Bereiche schauen wir nicht gerne – und wenn, dann nur mit Widerwillen. Wir sehen das Unkraut wuchern und haben schon gar keine Lust mehr, uns ans Jäten zu machen. Wir fühlen uns zu schwach oder wollen einfach gar nicht erst die Notwendigkeit sehen, dass nur mit konsequenter Arbeit der weniger nützlichen Gewächse Herr zu werden ist.

Gerne, wie im Falle des Jungen mit den kalten Händen, schieben wir die Verantwortung für ein bestimmtes Beet auch einfach von uns. Nicht unsere Sache, reden wir uns ein.

> *„Talent ist billiger als Salz. Was den erfolgreichen Menschen vom talentierten unterscheidet, ist eine Menge harter Arbeit."*
> *(Stephen King, Bestsellerautor)*

Für jeden existieren diese Beete, für den einen mehr, für den anderen weniger.
Sei es das Beziehungsbeet der Frau, die immer wieder an den gleichen Typ Mann gerät, der sie ausnutzt und verprügelt.
Sei es das Bürobeet des Angestellten, der von den Kollegen als Schwächling auserkoren und ständig gemobbt wird.
Sei es das Finanzbeet der jungen Familie, die sich mit dem Kauf von einigen Luxusgütern übernommen hat und jetzt vollkommen verschuldet ist.

Und so geht es weiter mit dem Körper- und Fitnessbeet, dem Berufs- und Karrierebeet, dem Freizeitbeet, dem Ernährungsbeet, dem Familienbeet und was es da noch so an großen und kleinen Flächen in unseren Gedankengärten gibt.

Das Unkraut in den Beeten entsteht, weil die Besitzer viel zu oft bei der Betrachtung dieses Teiles ihres Gartens damit beschäftigt sind zu denken:

> *„Das Glück im Leben hängt von den guten Gedanken ab, die man hat.“*
> *(Marc Aurel, Kaiser)*

- ich kann nicht
- das schaffe ich doch gar nicht
- ich bin viel zu schwach, ungebildet, dick, dünn, alt, jung.... dafür
- ich habe nicht genug Geld
- ich habe keine Beziehungen
- das wird doch nie etwas
- wieso habe ich immer nur Pech?
- das ist unmöglich
- usw.

> *„Aus Lügen, die wir ständig wiederholen, werden Wahrheiten, die unser tägliches Leben bestimmen.“*
> *(Georg Wilhelm Friedrich Hegel, Philosoph)*

Viel zu oft kreieren wir diese Gedanken mittlerweile bereits unbewusst. Wir haben sie so trainiert, sie sind so zu unserem täglichen Leben geworden, dass wir sie gar nicht mehr bewusst denken, sondern dass sie automatisch kommen.

Wann immer wir von einem Freund aufgefordert werden, jetzt mindestens drei Mal pro Woche Sport zu treiben, springt uns sofort dieser Satz in den Kopf:

„Wir leben nur einmal, wobei die Entscheidung ganz bei uns liegt, ob wir auf Zehenspitzen durch dieses Leben gehen und hoffen bis zum Ende nicht allzu viele Beulen abzubekommen – oder wir können ein erfülltes Leben leben, in welchem wir unsere Ziele erreichen und unsere wildesten Träume realisieren."
(Bob Proctor, Millionär)

ICH KANN NICHT –
und der Freund rennt alleine durch den Wald

Wann immer wir in der Zeitung ein Stellenangebot lesen, das auch nur ein klein wenig über die uns selbst zugestandenen Kenntnisse und Fähigkeiten hinausgeht, springt uns sofort dieser Satz in den Kopf:
ICH BIN VIEL ZU SCHWACH, UNGEBILDET, DICK, DÜNN, ALT, JUNG......
DAFÜR –
und eine andere Person bekommt den Job.

Wann immer wir von unseren Familienmitgliedern oder Kollegen vor eine schwierige Aufgabe gestellt werden, springt uns sofort dieser Satz in den Kopf:
DAS SCHAFFE ICH DOCH GAR NICHT –
und die Aufgabe bleibt ungelöst.

„Erst wer Verantwortung für sich selbst übernimmt, macht sich auf den Weg zur persönlichen Freiheit."
(Konrad Lorenz, Verhaltensforscher)

Wann immer wir eine Chance bekommen in ein gutes Business zu investieren oder ein gutes Geschäft zu machen, springt uns sofort dieser Satz in den Kopf:
ICH HABE NICHT GENUG GELD –
und andere machen das gute Geschäft.

Wann immer wir uns damit beschäftigen, wie wir es schaffen, den entscheidenden Karrieresprung zu machen, springt uns sofort dieser Satz in den Kopf:
ICH HABE KEINE BEZIEHUNGEN –
und wir bleiben in der Karrieresackgasse stecken.

Wann immer von einem Kollegen in der Besprechung eine ausgefallene Lösungsmöglichkeit für ein Problem vorgestellt wird, springt uns sofort dieser Satz in den Kopf:
DAS WIRD DOCH NIE ETWAS –
und viele tun danach ihr Möglichstes, um den Vorschlag zum Scheitern zu bringen.

„Die Fesseln der Gewohnheit sind so dünn, dass man sie nicht spürt, bis sie so dick sind, dass man sie nicht mehr zerreißen kann."
(Samuel Johnson, Autor)

Wann immer wir im Supermarkt wieder einmal in der Schlange stehen, wo es wieder einmal am langsamsten vorangeht, springt uns sofort dieser Satz in den Kopf:
WIESO HABE ICH IMMER NUR PECH?
und wenn wir dann frustriert an die andere Kasse wechseln, dauert es dort noch länger.

Solcherart Gedankenautomatismus kennen wir alle. Untersuchungen an der Stanfort Universität in den Vereinigten Staaten ergaben, dass über 90% unserer täglichen Handlungen und der diesen zugrunde liegenden Gedanken **automatisch ablaufen!**

„Wie oft kommt es doch vor, dass man sein wahres Leben gar nicht lebt.“ (Oscar Wilde, Schriftsteller)

Über 90% unseres Lebens läuft auf Autopilot. Lassen Sie diese Erkenntnis einmal sinken, atmen Sie eine Minute tief ein und aus und betrachten das Ergebnis der Untersuchung so bewusst Sie nur können.

Obwohl nahezu alle Menschen in der Lage sind AKTIV und BEWUSST ihr Leben zu führen, werden über 90% der täglichen Handlungen und der diesen zugrunde liegenden Gedanken unbewusst und automatisch erledigt.

„Wir kommen sehr leicht zurecht, tragen wir nur die Last, die dem jeweiligen Tag bestimmt ist. Aber die Last wird zu schwer, bürden wir uns auch noch die von gestern wieder auf und zusätzlich auch die des folgenden Tages, bevor dies überhaupt von uns verlangt wird.“ (John Newton, Seefahrer)

Selbstverständlich sind unbewusste körperliche Handlungen wie z.B. atmen oder verdauen überlebensnotwendig und nur in Ausnahmefällen (wie dem *bewussten* Atmen) rücken sie ins Zentrum unserer Aufmerksamkeit. Dass aber viele Handlungen – besser gesagt über 90 % unserer Handlungen – automatisiert ablaufen, mag für viele Menschen eine doch eher unangenehme und unerwartete Erkenntnis sein.
Vor allem wenn man bedenkt, dass dann zwangsläufig so wichtige Sachen dazu gehören wie z.B. die Kindererziehung, die Art und Weise wie wir arbeiten oder mit unseren Partnern und Kollegen umgehen.

Dieser Autopiloteffekt hat aber auch sein Gutes.

Was!? mögen einige Leser jetzt denken, haben Sie nicht eben darüber geschrieben, wie schädlich es sei, immer wieder negative Gedanken zu haben und folglich immer wieder negative Ergebnisse auf bestimmten Gebieten? Was soll daran gut sein, wenn ich meine Ziele nicht erreiche, immer wieder im selben (negativen) Kreislauf denke? Und dass zu 90 Prozent sogar völlig unbewusst und automatisch?

„Das Unterbewusstsein ist die Automatik der Seele." (Sigmund Freud, Psychologe)

Die Antwort ist einfach. Ich werde es Ihnen sagen.

Das Gute ist die AUTOMATIK!

Die Tatsache, dass wir in bestimmten Situationen, immer wieder dasselbe denken, bedeutet zunächst einmal, dass die Automatik funktioniert – nicht mehr und nicht weniger. Wir haben diese Automatik aber nicht in die Wiege gelegt bekommen. Wir haben sie erlernt. Wir haben erlernt immer wieder und wieder auf die gleiche Art und Weise zu reagieren.
Und genauso wie wir die wenig nützlichen, zielverhindernden Gedanken in der Vergangenheit automatisiert haben, können wir in der Zukunft nützliche, zielfördernde Gedanken automatisieren. Es besteht also Grund zur Freude und zur Hoffnung, wenn ich Ihnen sage:

„Nimm teil, mach das, was deinem Wesen entspricht, ob du nun eine Firma leitest oder auf dem Feld Gänseblümchen pflückst, nimm teil daran und lebe es aus, in seiner ganzen Fülle. Werde, der du bist, und ich sage dir: Du hast mehr geschafft als die meisten anderen. Die meisten Menschen tun das nämlich nie. Sie arbeiten in einem Beruf und wissen nicht, warum. Sie heiraten eine Frau und wissen nicht, warum. Sie wandern in ihr Grab und wissen nicht, warum. (E.L. Doctorow, Autor)

„Wenn ich einen Satz auswählen sollte, um meine ganze Lehre zusammenzufassen, würde ich sagen: Lass nichts Böses in deinen Gedanken sein."
(Konfuzius, Philosoph)

DIE AUTOMATIK FUNKTIONIERT:

Das bedeutet wir machen und können bereits das, was ich Ihnen vorgestellt habe: **Die Resultate in unserem Leben basieren stark auf den immer wiederkehrenden Gedanken, die wir haben.**

Wenn wir die Gedanken ändern, die Automatik von negativen auf positive Gedanken umstellen, werden unsere Ergebnisse ebenso positiv ausfallen MÜSSEN.

Das heißt:
Wann immer wir von jetzt an von einem Freund aufgefordert werden, mindestens drei Mal pro Woche Sport zu treiben, springt uns sofort dieser Satz in den Kopf:
ICH KANN –
und wir rennen mit dem Freund gemeinsam durch den Wald.

„Die beste Voraussetzung ist dieses learning by doing. Wenn man auf der Kabarettbühne mit drei Zuschauern im Saal anfängt und dann irgendwann ganze Hallen füllt."
(Jürgen von der Lippe, TV-Moderator)

Wann immer wir von jetzt an in der Zeitung ein Stellenangebot lesen, das über die von uns selbst zugestandenen Kenntnisse und Fähigkeiten hinausgeht, springt uns sofort dieser Satz in den Kopf:
ICH BIN GENAU DIE RICHTIGE PERSON DAFÜR UND BEKOMME DEN JOB –
und wir bekommen ihn.

Wann immer wir von jetzt an von unseren Freunden, Familienmitgliedern oder Kollegen vor eine schwierige Aufgabe gestellt werden, springt uns sofort dieser Satz in den Kopf:
TOLLE HERAUSFORDERUNG, ES WIRD SPASS MACHEN, DIESE NUSS ZU KNACKEN –
und wir knacken die Nuss.

Wann immer wir von jetzt an eine Chance bekommen, in ein gutes Business zu investieren oder ein gutes Geschäft zu machen, springt uns sofort dieser Satz in den Kopf:
WAS FÜR MÖGLICHKEITEN HABE ICH, MICH DARAN ZU BETEILIGEN?
und wir werden eine Möglichkeit finden.

„Jene, die nicht bereit sind ihr Denken zu ändern, vermögen überhaupt nie etwas zu ändern."
(George Bernard Shaw, Literaturnobelpreisträger)

Wann immer wir uns damit beschäftigen, wie wir es schaffen, den entscheidenden Karrieresprung zu machen, springt uns sofort dieser Satz in den Kopf:
ICH KENNE SOVIELE MENSCHEN, ICH MUSS SIE EINFACH NUR FRAGEN –
und unsere Karriere setzt zu einem Höhenflug an.

Wann immer von einem Kollegen in der Besprechung eine ausgefallene Lösungsmöglichkeit für ein Problem vorgestellt wird, springt uns sofort dieser Satz in den Kopf:
WIE KÖNNEN WIR DAS REALISIEREN?
und wir tun unser Möglichstes, um dem Vorschlag zum Erfolg zu verhelfen.

Wann immer wir im Supermarkt wieder einmal in der Schlange stehen, wo es am langsamsten vorangeht, springt uns sofort dieser Satz in den Kopf:
TOLL, DASS ICH JETZT FÜNF MINUTEN LÄNGER ZEIT HABE, DA KANN ICH EIN KLEINES GEDANKENRÄTSEL LÖSEN – und wir nutzen die Wartezeit effektiv aus.

Sie verstehen was ich meine, nicht wahr?

„Wenn es um grundsätzliche Entscheidungen geht, frage ich mich immer wieder: Bin ich von meinem Standpunkt eingenommen, oder mein Standpunkt von mir?“
(Werner Herzog, Regisseur)

Es kommt auf unseren Standpunkt an, wie wir mit den entsprechenden Situationen umgehen. Wie wir auf bestimmte Umstände reagieren.

Und das ist ganz und gar alleine unsere Entscheidung!

„Übung macht den Meister.“
(Deutsches Sprichwort)

Das Gute ist: Je öfter wir üben, sie in einer bestimmten Art und Weise zu fällen, desto automatischer wird diese Reaktion kommen.

Sie wissen es doch:
DIE AUTOMATIK FUNKTIONIERT:

WARUM ALSO STATT EINER NEGATIVEN NICHT EINE POSITIVE REAKTION?

Wenden wir uns noch einmal der Metapher vom Garten zu:

Ihr Geist ist wie ein Garten.

Ihre Gedanken sind die Samen, die Sie in Ihrem Garten aussäen.

Ihre Einstellung dem Leben gegenüber entspricht dem Wetter in Ihrem Garten – der Sonne und dem Regen für Ihre Samen.

Was Sie tun – und was Sie nicht tun – ist der tägliche Job des Gärtnerns, wie Unkraut jäten, Nährstoffe zuführen, düngen, beschneiden und über das Gedeihen der Pflanzen wachen.

„Die Ernte kannst du nicht ändern – wohl aber was du aussäst – denn nur du kannst deine Einstellung ändern." (Jack Canfield, Autor)

Die Ergebnisse in Ihrem Leben sind wie die aus den Samen gewachsenen Früchte in Ihrem Garten.

Alles beginnt also damit, qualitativ hochwertiges Saatgut (Gedanken) in Ihrem Garten (Bewusstsein) zu verwenden.

Je besser das Saatgut, desto besser die Ernte – also die Ergebnisse in Ihrem Leben.

Wie in einem realen Garten benötigen manche Samen länger als andere, um zu blühen. Manche Pflanzen benötigen Jahre, bis sie Früchte tragen.

„Die Anlage von tausend Wäldern liegt in einem Samenkorn." (Ralph Waldo Emerson, Philosoph)

„Wenn wir herauszufinden versuchen, wie wir eine große Veränderung herbeiführen können, dürfen wir nicht die kleinen täglichen Veränderungen übersehen, zu denen wir fähig sind und die mit der Zeit die großen Veränderungen ergeben, die wir oft nicht vorhersehen können." (Marian Wrights Edelman, Kinderaktivistin)

So führen auch die kleineren, einfacheren Ideen schneller zu Ergebnissen. Während die großen, komplexen Ideen Jahre benötigen, um sich in Ihrem Leben zu manifestieren.

Wie jeder Gärtner benötigen Sie Zeit und Erfahrung, um von der Kartoffel bis zum Königskirschbaum zu kommen – aber jeder noch so kleine Erfolg wird Sie selbstbewusster und erfahrener machen, Ihnen zeigen wie Sie mit Ungeziefer und Unkraut umgehen müssen, wie Sie lernen Ihren Garten vor Wind und Wetter zu schützen.

Je länger Sie in Ihrem Garten arbeiten

- desto besser werden Sie in der Auswahl des Saatgutes
- desto ausgefeilter werden Ihre Bewässerungsmethoden
- desto nahrhafter werden Ihre Düngemittel
- desto effektiver bekämpfen Sie Unkraut und Ungeziefer
- desto schneller entdecken Sie, wann und wo eine Pflanze besonders behandelt werden muss
- desto qualitativ hochwertiger werden Ihre Früchte
- desto besser können Sie sich die Arbeit einteilen und schaffen viel mehr in viel kürzerer Zeit
- desto bessere Methoden entdecken Sie, Ihre Pflanzen gegen Wind und Wetter zu schützen

Sie werden erstaunt sein, in was für einer Geschwindigkeit Sie zu positiven Ergebnissen kommen, mit welcher Leichtigkeit sich plötzlich Dinge entwickeln und in Ihrer Realität manifestieren, die Sie bis vor kurzem nicht für möglich gehalten hätten.

„Achte auf deine Gedanken – sie sind der Anfang deiner Taten."
(Chinesisches Sprichwort)

Sie werden – genauso wie Ihr Garten – durch zielgerichtetes Wachstum in voller Blüte stehen.
Das Resultat ihres neuen positiv ausgerichteten Erfolgsdenkens wird sich Tag für Tag in neuen Fähigkeiten widerspiegeln.

In neuen Chancen, neuen Beziehungen, dem Erreichen von Zwischenzielen, neuen höheren Zielen, besserer Gesundheit sowie einem ausgeglichenerem Leben und einer allgemeinen inneren Ruhe und Zufriedenheit.

Dies sind die Früchte Ihrer Arbeit, von denen Sie weitaus mehr ernten und genießen werden, als Sie heute zu denken wagen.
Es werden so viele, so gute, so reichhaltige sein, dass Sie bald damit beginnen können, sie zu verteilen, an Freunde, Bekannte und Bedürftige weiter zu geben.

Das wird der Punkt sein, an dem Sie Ihre wirkliche Freiheit erlangt haben.

„Der Mann, der den Berg abtrug, war derselbe, der damit angefangen hatte, kleine Steine wegzutragen."
(Chinesisches Sprichwort)

Wie und wo aber beginnen? Das werde ich von Klienten, Freunden und Kollegen an dieser Stelle immer wieder gefragt.
Das hört sich alles so schön an Eugen, aber **wie setze ich es um?**
Was soll ich tun?

Die Antwort ist einfach, die Umsetzung weniger – zugegeben.

In Gruppen- oder Einzelstunden sowie ab März 2008 in meinen Seminaren filtere ich mit meinen Klienten unter den vielen Möglichkeiten sorgfältig die für sie passende Technik oder Methode heraus.

„Entscheidungen haben sich nicht mehr nach vorhandenen Mitteln zu richten, sondern die Mittel werden durch Entscheidungen geschaffen."
(Situ U Thant, UN-Generalsekretär)

Es würde den Rahmen dieses kleinen Buches bei weitem sprengen, wollte ich hier in die Tiefe gehen. Dennoch möchte ich Ihnen für den schnellen Start eine (sehr leicht erlernbare) Technik zeigen. Sie funktioniert bei vielen zumindest für eines ihrer „Beete".

Zunächst müssen Sie größte Aufmerksamkeit bei der Auswahl des Saatgutes in Ihrem Gedankengarten walten lassen.
Seien Sie sich Ihrer Gedanken bewusst, der Art und Qualität dessen, womit Sie sich (nicht nur) mental beschäftigen, der Art und Weise, wie Sie mit sich selbst kommunizieren.
Sobald ein negativer Gedanke kommt, lassen Sie ihn zu (unterdrücken oder wegdrücken funktioniert nur mangelhaft) – dann aber kommt der wichtige Schritt:

ERSETZEN Sie diesen Gedanken.

Es gibt immer eine Alternative. Für jede und in jeder Situation. Seien Sie geistig flexibel und überlegen Sie sich diese Alternative. Im Laufe der Zeit werden Sie immer besser im Alternativen finden.

Testen Sie Ihre Gedanken:
Welche fühlen sich gut an, welche schlecht? Welche machen Ihnen Freude, welche Angst? Welche machen Sie traurig, welche glücklich? Welche ärgern, welche amüsieren Sie? Welche regen Sie auf, welche beruhigen Sie?
Machen Sie immer wieder kleine Gedankenspiele. Situationen dafür gibt es so viele wie der Tag Sekunden hat.

> *„Nahezu alle Unternehmen, die sagen wir vor 75 Jahren im Dow Jones vertreten waren, sind mittlerweile verschwunden. Sicherheit beruht auf Veränderung nicht auf dem Status Quo. Aber viele Menschen glauben nach wie vor, dass sie nur sicher sind, wenn sich nichts verändert."*
> *(Kevin Hogan, Psychologe)*

> *„Entweder machen wir uns das Leben schwer und legen uns einen Haufen Steine in den Weg – oder wir leben bewusst und räumen die Steine auf dem Weg zu unserem Ziel aus dem Weg. Der Arbeitsaufwand ist der gleiche."*
> *(Carlos Castaneda, Autor)*

Hier eines, dass meine Klienten hier in Sydney gerne „spielen":
Sie sitzen im Auto, die Ampel wird grün, der Wagen vor Ihnen bewegt sich keinen Meter.
Ihr erster Gedanke ist: „Mach schon Du Penner, fahr endlich los!" Mit diesem Gedanken haben Sie sich auf die negative Spur gesetzt.
Wenn der „Penner" vor Ihnen nicht in kürzester Zeit sein Gaspedal findet, werden Sie sauer, dann extrem wütend und im schlimmsten Fall steht am nächsten Tag mal wieder eine

„Sich zu ärgern gleicht dem trinken von Gift und dann zu hoffen, es würde deine Feinde töten.“
(Nelson Mandela, Friedensnobelpreisträger)

Schlagzeile über eine Prügelei an einer Kreuzung in der Zeitung.

Nicht dass Situationen immer eskalieren müssen. Hätten Sie jedoch in erster Linie anders reagiert, den ersten Gedanken, den „Mach schon Du Penner, fahr endlich los Gedanken“ durch einen positiven ersetzt, wäre der ganze Ärger gar nicht erst aufgekommen, hätten Sie sich Frust **er**spart und Energie **ge**spart.

Möglich wäre z.B. folgende Alternative gewesen:
Wer weiß wofür es gut ist, dass ich hier jetzt kurz warten muss?

Mit dieser Frage lösen Sie sich von der negativen Emotion des „warten Müssens“ und formen sie in eine positive Emotion um.

Stellen Sie sich vor, dass Sie durch diese kleine Verzögerung einem Unfall drei Kilometer weiter auf Ihrem Weg entkommen werden. Fühlen Sie die Erleichterung, nicht ins Krankenhaus zu müssen, keine gebrochenen Rippen oder Beine zu haben oder querschnittsgelähmt zu sein?

„Nichts ist größer als die Macht einer Frage.“
(Ovid, Dichter)

Sie sehen, es ist ganz einfach. Gerade „grüne Ampel Situationen“ – also Situationen, an denen Sie kurzfristig sowieso absolut nichts ändern können – lassen sich problemlos, einfach, schnell und effektiv MIT EINER FRAGE entspannen.

Eine meiner Lieblingsfragen für missliche Situationen, die ich auch immer wieder mit Erfolg meinen Klienten vorschlage, ist:

„Warum soll ich unglücklich sein, wenn ich auch glücklich sein kann?"

Bei mir und bei denen, die mit mir in dieser Richtung trainiert haben, funktioniert diese kleine Frage fast immer. Dadurch wird bewusst, wie wenig es bringt, sich aufzuregen, loszubrüllen oder Porzellan zu zerschlagen.

„Die Ablehnung, Unwichtiges zu tun, ist eine entscheidende Voraussetzung für den Erfolg."
(Alec Mackenzie, Autor)

Eine andere sehr effektive Frage ist:

„Was kann ich tun, um die Situation zu ändern?"

Wenn wir uns ärgern und aufregen, bewegt sich das Auto vor uns nicht schneller. Wir können es nicht „wegärgern".
Durch die Einschaltung unseres kreativen (positiven) Potentials jedoch, das für eine Problemlösung vonnöten ist, wird das negative Potential des Ärgerns und wütend Werdens umgewandelt.
Eine weitaus gesündere und ökonomischere Art mit seinen Ressourcen umzugehen. Für sich selbst UND für das Umfeld.

„Was man lernen muss um es zu tun, das lernt man indem man es tut."
(Aristoteles, Universalgenie)

Gut funktioniert auch folgende Technik:

Ersetzen Sie den negativen Gedanken durch die Erinnerung an eine positive Lösung in einer ähnlichen Situation.

Durch das Erinnern an einen vergangenen „Sieg" steigt die Wahrscheinlichkeit, auch aus der aktuellen Situation als Sieger hervorzugehen. Ich sage nicht, dass es eine Garantie dafür gibt – es ist aber garantiert erfolgsversprechender als an eine Niederlage zu denken.

„Nichts spornt mich mehr an als die drei Worte: Das geht nicht. Wenn ich das höre, tue ich alles, um das Unmögliche möglich zu machen."
(Harald Zindler, Mitbegründer Greenpeace)

Probieren Sie etwas aus, spielen Sie mit Ihren Gedanken, erfinden Sie Lösungen. Nach kurzer Zeit werden Sie herausfinden, was bei Ihnen funktioniert. Es ist keine Frage, **ob** positive Techniken funktionieren, es ist eine Frage des Beginnens und Erforschens, welche die für **Sie** erfolgreichste ist.

Jedes Ergebnis in unserem Leben beginnt mit den Gedanken in unserem Kopf – jedes dominante Ergebnis beginnt mit den dominanten Gedanken in unserem Kopf.

Der Erfolglose denkt: ich kann nicht, das wird nichts, ich habe nicht.
Der wenig Erfolgreiche denkt: das wird grade noch so hinkommen, vielleicht könnte ich es schaffen, mit viel Glück reicht aus, was ich habe.
Der Erfolgreiche denkt: ich kann, ich werde, ich habe.
Und alle drei behalten Recht.

DIE ERWARTUNG BESTIMMT DAS ERGEBNIS.

Wer sich eine miese Welt in Gedanken kreiert, wird auch nur eine miese Welt erleben.
Wer sich eine mittelmäßige Welt in Gedanke kreiert, wird auch nur eine mittelmäßige Welt erleben.
Wer sich eine erfolgreiche und erfüllte Welt in Gedanken kreiert, wird auch eine erfolgreiche und erfüllte Welt erleben.

„Worauf es ankommt, ist nämlich tatsächlich nicht die Angst oder was für Gefühle immer wir gerade haben mögen, vielmehr einzig und allein, wie wir zu ihnen Stellung nehmen, also unsere Einstellung."
(Viktor Frankl, Psychologe)

Die Gedanken kreieren die Welt, die wir erleben – also unsere Realität ... und vergessen Sie nicht:

Diese Realität ist die Summe aller Gedanken, die wir bis zum gegenwärtigen Zeitpunkt unseres Lebens gedacht haben.

Wenn Sie also eine schnelle, radikale, umfassende Änderung Ihrer Lebensumstände erreichen wollen, müssen sie ebenso schnell, radikal und umfassend
IHRE GEDANKEN ÄNDERN, damit
IHRE AKTIONEN ÄNDERN und damit wiederum
IHRE ERGEBNISSE ÄNDERN.

Sie kennen sicherlich das sehr wahre Sprichwort:
„Erst formen wir unsere Gewohnheiten,
dann formen die Gewohnheiten uns."

„Eine Angewohnheit kann man nicht aus dem Fenster werfen. Man muss sie die Treppe hinunterboxen, Stufe für Stufe."
(Mark Twain, Schriftsteller)

Viel klarer lässt sich der Automatismus in Handlungen – sowohl gedanklichen als auch tatsächlichen – nicht beschreiben.

Mit dem Autopilot im Kopf aber fängt es an:
Wer immer das gleiche negative denkt, wird immer die gleichen negativen Schlussfolgerungen und Handlungen daraus ziehen und immer wieder die gleichen negativen Ergebnisse im Leben haben.

Wer sich überwiegend mit Angst, Wut, Zweifeln, Unentschlossenheit oder Traurigkeit beschäftigt, wird diese Gedanken früher oder später zu einer eingefleischten Gewohnheit machen.
Das Ergebnis ist ein ängstliches, wütendes, zweifelndes, unentschlossenes, trauriges Dasein.

„Sie sind heute da, wo Ihre Gedanken der Vergangenheit Sie hingebracht haben – morgen sind Sie da, wohin Ihre Gedanken der Gegenwart Sie bringen werden."
(James Allen, Autor)

Ganz so erbärmlich geht es zwar der Mehrheit nicht. Genau betrachtet geht es ihr aber auch nicht viel besser.
Wie sieht denn genau betrachtet das Leben aus, dass **Sie** führen?

Wenn Sie sich überwiegend mit Gedanken beschäftigen, Sie würden es

GERADE NOCH so schaffen bis zum Monatsende...

VIELLEICHT fertig bringen, die vom Chef gestellte Aufgabe pünktlich zu erledigen...

MÖGLICHERWEISE bewirken, 10 kg in sechs Wochen abzunehmen oder

WENN ALLE HUNDERT VORBEDINGUNGEN ERFÜLLT SIND (und die Sterne richtig stehen...) den Partner fürs Leben zu finden...

„Weder gibt es das Gute noch das Schlechte – unsere Gedanken erst machen es dazu."
(William Shakespeare, Dichter)

... dann werden Sie es GERADE NOCH so schaffen bis zum Monatsende, weil Sie die Gewohnheit entwickelt haben, auch nur GERADE SOVIEL ZU TUN, um es zu schaffen.

... dann werden Sie VIELLEICHT die vom Chef gestellte Aufgabe pünktlich erledigen, weil Sie die Gewohnheit entwickelt haben, VIELLEICHT SOVIEL ZU TUN, um sie pünktlich zu erledigen.

... dann werden Sie MÖGLICHERWEISE 10 kg in sechs Wochen abnehmen, weil Sie die Gewohnheit entwickelt haben, MÖGLICHERWEISE DAS NOTWENDIGE ZU TUN, um 10 kg abzunehmen,

„Nur diejenigen die es wagen großartig zu scheitern, werden diejenigen sein, die Großartiges erreichen."
(Robert Kennedy, Politiker)

... dann werden Sie NIEMALS den Partner fürs Leben finden, weil Sie die Gewohnheit entwickelt haben, auf eine Situation zu warten, die NIEMALS EINTRETEN KANN!

Das Ergebnis überwiegend negativer Gedanken:
Wer sich in Gedanken überwiegend mit Angst, Selbstzweifeln und unklaren Entscheidungen beschäftigt, wird die Gewohnheit entwickeln, nicht alles in seinen Möglichkeiten liegende zu tun, um sein Ziel zu erreichen, wird halbherzige Entscheidungen treffen, zögern, aufschieben und am Ende doch nichts tun und nichts erreichen.

„Die Qualität unserer Erwartungen bestimmt die Qualität unserer Aktionen."
(Andre Godin, Politiker)

Wer sich in Gedanken überwiegend mit Selbstgerechtigkeit, Schuldzuweisungen und Ausreden beschäftigt, wird die Gewohnheit entwickeln, andere Menschen oder „die Umstände" für sein Versagen verantwortlich zu machen. Er wird keine Kontrolle über seine Ziele haben, oft die Ziele anderer Menschen erfüllen und in Verbitterung und Depression leben.

Wer sich in Gedanken überwiegend mit Selbstsucht, Geiz und „ich bin gut, die Welt ist schlecht" beschäftigt, wird die Gewohnheit entwickeln, alles um sich herum schlecht zu machen, von seiner Umwelt bald als völliger Loser gebrandmarkt werden und einsam und verlassen leben.

„Verbringe nicht die Zeit mit der Suche nach einem Hindernis, vielleicht ist keines da."
(Franz Kafka, Dichter)

Wer sich in Gedanken überwiegend mit „ich könnte ja, wenn ich wollte", Arroganz und „es wird schon irgendwie reichen" beschäftigt, wird die Gewohnheit entwickeln, seine Ziele nur mittelmäßig zu verfolgen und keines seiner hochgesteckten Ziele verwirklichen.

Das Ergebnis überwiegend positiver Gedanken:
Wer sich dagegen mit Gedanken des Mutes, Selbstvertrauens und klarer Entscheidungen beschäftigt, wird die Gewohnheit entwickeln, seine Ziele energisch zu verfolgen und zu verwirklichen.

Wer sich in Gedanken mit Aufmerksamkeit, Neugier und Verantwortung beschäftigt, wird die Gewohnheit entwickeln, win-win-Situationen also zweiseitige Erfolge für sich und andere zu kreieren, und damit langfristige private und geschäftliche Beziehungen knüpfen, die zu ebenso langfristigen privaten und geschäftlichen Erfolgen führen.

„Du musst die Stadt der Bequemlichkeit verlassen und in den Urwald deiner Intuition eintauchen. Du wirst etwas Wundervolles entdecken. Nämlich dich selbst."
(Alan Alda, Schauspieler)

Wer sich in Gedanken mit Friede, Nächstenliebe und Geduld beschäftigt, wird die Gewohnheit entwickeln, alle negativen Erfahrungen, Personen und Ereignisse, die in sein Leben treten mit innerer Ruhe und Ausgeglichenheit vorbeiziehen zu lassen.

„Einen Vorsprung hat, wer dort anpackt, wo andere erst einmal reden!"
(John F. Kennedy, Präsident)

Fazit:
Gute Gewohnheiten, schlechte Gewohnheiten – dem Gedankengarten ist vollkommen egal welche Art Samen Sie pflanzen. Der Garten ist absolut neutral. Nur eines ist sicher: Sie werden Samen säen, und diese Samen werden zu Pflanzen wachsen und Früchte tragen.

„Manche halten Disziplin für eine lästige Pflicht. Für mich dagegen ist sie eine Art Ordnung, die mir die Freiheit gibt, zu tun, was ich will."
(Julie Andrews, Schauspielerin)

Es ist an Ihnen zu entscheiden, welche Art Samen Sie in Ihrem Garten ausbringen.
Um erfolgreich zu werden, erfolgreiches und positives Denken zu lernen, müssen Sie sehr bewusst Ihre Gedanken lenken, sich bewusst überlegen, was aus dem Strom der Gedanken Sie aufnehmen und verwerten wollen, den Automatismus zu Ihrem Vorteil nutzen, negative Gedankensamen reduzieren und mehr und mehr und mehr und mehr positive Gedankensamen aussäen.

„Es ist besser, unvollkommene Entscheidungen durchzuführen, als ständig nach vollkommenen Entscheidungen zu suchen, die es niemals geben wird."
(Charles de Gaulle, Politiker)

Zugegeben – nobody is perfect. Wenn ich mich so in meinem Garten umsehe, gibt es da einige Plätze, vor denen mir regelrecht graust.
Auch Ihr Garten wird nicht überall blühen und sprießen wie der Garten Eden (wieso fällt mir hier gerade diese Analogie ein?).
Es wird auch in Ihrem Garten Bereiche geben, die nicht optimal versorgt werden, nicht optimal blühen und nicht die besten Früchte tragen. Das geht auch den erfolgreichsten Menschen nicht anders. Kein Grund zur Sorge. Solange Ihr Garten das Gesamtbild einer erfolgreichen Anlage hat, werden auch Sie erfolgreich sein.

Sollte Ihr Garten in einem eher desolaten oder gar bemitleidenswerten Zustand sein, machen Sie sich an die Arbeit (denn ohne geht's nicht). Es ist für den Anfang egal, WO Sie beginnen, wichtig ist, DASS Sie beginnen. Übung macht den Meister.

Mit der Zeit werden Sie besser und besser im gärtnern, besser und besser in der Samenauslese, besser und besser mit den Bewässerungsmethoden, besser und besser mit dem Schutz vor Wind und Wetter:

Das Ergebnis dieses Tuns liegt auf der Hand: Sie werden ERFOLGREICHER ...

... WENN Sie kontinuierlich an und in Ihrem Garten arbeiten.

Was gut gedeiht und ebenso guten Ertrag bringt, werden Sie ausbauen und verfeinern, bis Sie Möglichkeiten sehen, es ganz oder teilweise auf Autopilot umzustellen.
Was Ihnen (noch) nicht gelingt, werden Sie beobachten, verändern und ausprobieren, bis es Ihnen gelingt. Immer einen Schritt weiter, immer Stück für Stück, dabei das Ziel niemals aus den Augen verlierend.

„Auch wenn wir unsere Anstrengungen verstärken bei Dingen die nicht funktionieren, werden die Ergebnisse nicht besser."
(Charles J. Givens, Immobilienspekulant)

Wenn Sie sich nach den ersten Aufräumungs- und Gestaltungsarbeiten einen Überblick verschafft haben, müssen Sie entscheiden, wie viele Früchte Sie in welchem Bereich ernten wollen. Sie werden nicht auf allen Gebieten gleich gut sein als Gärtner. Vielleicht liegt Ihre Stärke im Obstanbau, vielleicht im Gemüse oder im Zierrasen.

„Willst du für eine Stunde glücklich sein, so betrinke dich. Willst du für drei Tage glücklich sein, so heirate. Willst du für acht Tage glücklich sein, so schlachte ein Schwein und gib ein Festessen. Willst du aber ein Leben lang glücklich sein, so schaffe dir einen Garten."
(Chinesisches Sprichwort)

Auf das Leben übertragen sind Sie (oder werden Sie) vielleicht die erfolgreiche Geschäftsfrau, vielleicht der umschwärmte Filmstar oder ein glücklicher Familienvater.

Was Ihr Ziel auch immer ist: Sie werden es erreichen, wenn Sie die richtigen Samen aussäen und die Pflanzen entsprechend versorgen.

Je mehr Erfolg Sie bei dieser Arbeit haben werden, je besser Ihre Resultate werden, desto mehr werden Sie den eingeschlagenen Weg weiterverfolgen WOLLEN.

„Ich möchte mich lernend verändern. Ich möchte gerne etwas weniger blöd sterben als ich geboren bin."
(André Heller, Unterhaltungskünstler)

Dabei werden Sie auch an Stolpersteine oder Flüsse kommen, die nicht so einfach aus dem Weg zu räumen oder zu überqueren sind.

Hier hilft ein weiterer universaler Gedanke, vor allem, wenn es mal nicht so läuft, wie Sie es sich vorstellen.

Alles in meinem Leben dient einem Zweck und hat eine gute Seite.

Das gilt für die guten wie (gerade auch) für die weniger guten Erlebnisse.

Wenn Sie in jeder Situation intuitiv fragen:

- Inwieweit bringt mich das weiter auf meinem Weg?
- Was ist der Vorteil hier?
- Wie kann das meinem Umfeld oder mir nützlich sein?

werden Sie erstaunliche Einsichten bekommen und mit der Zeit lernen, dass tatsächlich

ALLES EINE GUTE SEITE HAT.

Ihr Leben und das Ihrer Freunde und Bekannten ist voll von Ereignissen, die zunächst nach unglaublichem Pech aussahen und Ihnen große Sorgen machten. Nach einer Weile aber stellte sich heraus, wie gut es doch war, dass dieses Ereignis passiert war.

„Manchmal lehrt mich die schlechte Seite des Lebens mehr Weisheit als die gute.“ (Sprichwort der Sioux-Indianer)

Denken Sie einmal nach:
Der Urlaub in den Sie mit Ihren Eltern fahren mussten, obwohl sie doch viel lieber mit Ihren Freunden gefahren wären – und in dem Sie dann der Liebe Ihres Lebens begegnet sind?
Die Pleite Ihrer Firma, die Sie die Arbeitsstelle kostete und Sie zum Umzug in eine andere Stadt zwang, wo Sie dann den Traumjob fanden?

„Wer den Kern sucht, muss die Schale brechen.“ (Erasmus von Rotterdam, Humanist)

Was auch immer es ist, manchmal schnell erkennbar, manchmal erst nach Jahren, auch die schlimmsten Ereignisse bergen im Kern etwas Gutes in sich.

So gibt es diese bezeichnende Parabel aus China:
Einem Bauern war sein Pferd entlaufen und die Dorfbewohner bedauerten ihn ob seines Pechs. Der Bauer aber sagte: „Ich weiß nicht, ob das nur Pech war." Kurz darauf kam das Pferd zurück auf seinen Hof und mit ihm eine Herde Wildpferde. Da gratulierten die Dorfbewohner dem Bauern ob seines Gewinns. Der aber sagte: „Ich weiß nicht, ob das nur Glück war."
Als der Sohn des Bauern eines der Wildpferde zureiten wollte, schmiss es ihn ab, und der Sohn brach sich ein Bein. Wieder bedauerten die Dorfbewohner den Bauern ob seines Pechs. Der aber sagte erneut: „Ich weiß nicht, ob das nur Pech war."
Kurz darauf kamen Söldner des Kaisers in das Dorf und nahmen alle jungen Männer als Soldaten mit für einen neuen Krieg. Als sie aber den Sohn des Bauern mit dem gebrochenen Bein sahen, ließen sie ihn in Frieden.

Sie sehen, oft genug sind die Wechselfälle des Lebens (wie sie so schön genannt werden) so schlecht nicht, wie sie auf den ersten Blick erscheinen...

„Alle persönlichen Durchbrüche beginnen mit einer Änderung unserer Glaubensmuster."
(Anthony Robbins, Autor)

HÖREN SIE ALSO AUF, schlechte Erlebnisse und unzureichende Ergebnisse in Ihrem Leben nur von der negativen Seite zu betrachten.

FANGEN SIE AN die äußeren Umstände Ihres Lebens zuallererst durch eine positive innere Ausrichtung Ihrer Gedanken zu verändern.

Eine Mehrheit meiner Klienten kommt voller Enthusiasmus an diesen Punkt. Sie SPÜREN, Sie WISSEN genau, dass dieses Konzept stimmt. Haben es schon immer irgendwie GESPÜRT und GEWUSST. Sie fühlen sich, als seien sie am Ende einer Reise angekommen.

Weit gefehlt, die Reise beginnt gerade erst.

Denn jetzt stehen viele vor der Kardinalsfrage:
WIE aber soll ich das machen?
WIE kann ich negative Gedanken durch positive ersetzen?

„Es gibt keine Grenzen für unsere Gedanken – außer die Grenzen, die wir ihnen selbst setzen."
(Napoleon Hill, Autor)

Und einige beginnen zu zweifeln, wenn sie nicht umgehend Erfolg haben.

Sie sagen sich: „Ich habe es versucht, es funktioniert bei mir nicht.
Das hört sich alles so schön an, in der Realität klappt es bei mir aber nicht."

Im nächsten Kapitel wird sich diese Realität für Sie grundlegend ändern. Ich werde Ihnen zeigen, wie „es" auch bei Ihnen klappt, wie Sie „es" machen.

„Lebe alles aus, so gut du nur kannst; darauf zu verzichten, wäre ein Fehler. Es kommt gar nicht so sehr darauf an, was du im Einzelnen machst, solange du dein Leben hast. Und wenn du das nicht hattest, was hast du dann gehabt?"
(Henry James, Dichter)

Wie Sie das Gedankendoping mit Energie anwenden und Ihr Leben mit Tempo verändern, indem Sie Ihren Gedanken so richtig auf die Sprünge helfen.

3 Gedankendoping – wie Sie Ihren Gedanken auf die Sprünge helfen

Die beste Methode, Ihren Gedanken die richtige Kraft zu verleihen, ist die Macht eines einzigen Wortes:

WARUM?

Herauszubekommen WARUM Sie etwas tun (oder lassen) ist der wichtigste einzelne Gedankenbaustein.
Das WARUM ist zunächst weitaus wichtiger als das WIE.
Erst, wenn Sie sich klar darüber sind, WARUM Sie etwas erreichen wollen, was die **ursächliche** Motivation Ihrer Gedanken und Ihres Handelns ist, werden Sie auch Wege finden, WIE Sie diese Motivation verwirklichen werden.

„Find your WHY and start to fly." (Finde Dein WARUM und Du fliegst los.) (John di Lemme, Autor)

„Das Denken für sich allein bewegt nichts, sondern nur das auf einen Zweck gerichtete und praktische Denken." (Aristoteles, Universalgenie)

Als ich Angela während der Olympischen Spiele in Sydney kennenlernte, arbeitete sie als Producerin für Channel 9, den TV-Markführer Australiens. Immer fröhlich erledigte sie ihre vielfältigen Aufgaben mit einem Lachen im Gesicht. Für ihr Stressmanagement im Umgang mit teilweise recht zickigen TV-Stars (und solchen, die sich dafür hielten...) war sie nachgerade berühmt. Auch wenn ihr einige Nebenwirkungen ihres Jobs teilweise gravierende Probleme bereiteten, wie z.B. extreme Flugangst, so war sie doch Producerin mit Leib und Seele.

So erfolgreich Angela im beruflichen so enttäuschend war sie im privaten Leben. Ihre Beziehungen zu Männern waren mit einem Wort zu umschreiben: katastrophal. Wobei sich bestimmte Schemata immer wiederholten: Ihre Freunde wurden immer jünger, je älter Angela wurde. Sie waren überwiegend unselbstständig, hatten keinen festen Job und waren in keiner Weise ambitioniert. Auf der anderen Seite sahen sie alle verdammt gut aus und waren ja so süüüüüß. Ich denke, Sie haben eine gute Vorstellung, um was für eine Art Männer es sich handelte…

„Wenn wir fortschreiten möchten, dann dürfen wir die Geschichte nicht wiederholen, sondern müssen eine neue Geschichte schaffen." (Mahatma Gandhi, Friedensaktivist)

Vertreter des männlichen Geschlechtes, die verdammt gut aussehen und „süß" sind, haben meistens einen großen Nachteil (ich meine jetzt nicht ihren IQ): sie werden auch von anderen Frauen begehrt und geben diesem Begehren nur allzu gerne nach. Sprich: sie haben gleichzeitig zwischen 3 und 17 Beziehungen.
Treue ist für sie ein absolutes Fremdwort. Und eben das stellte ein absolutes Problem für Angela dar.
Im Juli 2004 begann ich mit Angela zu arbeiten. Bereits in der ersten Sitzung bekam ich deutliche Fingerzeige, wo ihr Motiv, ihr WARUM lag. Das allerdings erschien mir zunächst so abwegig und so wenig zu der Angela zu passen, wie ich

sie kannte (besser vielleicht: wie sie sich präsentierte), dass ich nach Bestätigungen für dieses Motiv suchte. Mit Hilfe des von mir regelmäßig eingesetzten Profiling Value Systems nach Dr. Clare W. Graves erhielt ich sehr bald diese Bestätigungen.
Hier Angelas äußere Beschreibung: eine 38-jährige, lebenslustige, selbstbewusste, erfolgreiche, gut verdienende, sportliche, attraktive, humorvolle Frau. Und hier ihr dominantes WARUM: Sicherheit.

Im Grunde ihres Herzens, wie man so schön sagt, strebte Angela immer nach Sicherheit. Dass sie sich in einem Teil ihres Lebens, ihren Beziehungen, dabei genau in die andere Richtung orientierte, nach wenig sicheren Partnerschaften, war ihr überhaupt nicht bewusst. Grund dafür war ihr Sicherheitsbestreben in einem anderen Teil ihres Lebens: dem Beruflichen. Ihre Angst durch eine (funktionierende) Beziehung ihren beruflichen Fokus sowie die damit zusammenhängende finanzielle Sicherheit zu verlieren, ließ sie permanent eben diese Situation vermeiden.
Erst als ihr dieser Zusammenhang bewusst wurde, sie ihr WARUM erkannte (und akzeptierte), war Angela in der Lage ihr Verhalten zu ändern. Und wie!

„Es ist mein Leben. Jetzt oder nie. Ich werde nicht für immer leben. Ich möchte nur leben, solange ich lebendig bin."
(Jon Bon Jovi, Rocksänger)

Lassen Sie uns die einzelnen Stationen sowie Techniken und Mittel überspringen, mit denen wir Angela unterstützen konnten, und spulen wir den Film 22 Monate vor. Im Mai 2006 heiratet Angela „ihren" Tim. Kein süßer Junge, sondern ein gestandenes Mannsbild: 44

Jahre jung, Leistungssportler (Rudern), Geschäftsführer einer Consultingfirma und treu wie ein Bernhardiner. Angela hat ihre Festanstellung bei Channel 9 aufgegeben und arbeitet jetzt freiberuflich.
Was den Vorteil hat, dass sie sich die Jobs aussucht, wo sie möglichst nicht fliegen muss. Die Freiheit sich diesen Luxus leisten zu können hat sie bekommen, weil sie jetzt nicht mehr allein für die finanzielle Sicherheit in der Partnerschaft verantwortlich ist. Eigentlich warte ich jetzt täglich auf Angelas Anruf, dass sie schwanger ist... (Nachtrag zur Buchausgabe 2008 – der zweite Junge ist schon da!)

Zurück zum Thema:

Die beste Methode, Ihren Gedanken und damit ihren Taten die richtige Kraft zu verleihen, ist die Macht eines einzigen Wortes: WARUM?

Viele Menschen halten sich überwiegend in dem WIE-Bereich auf. Sie überlegen:
- wie kann ich mehr Geld verdienen?
- wie kann ich meinen Traumpartner finden?
- wie komme ich an ein besseres Auto?
- wie kann ich mich vor der Arbeit drücken?
- wie kann ich es schaffen eine Weltreise zu machen?
- wie bekomme ich die Figur eines Models?
- wie kann ich diesen Job ergattern?
- wie kann ich meinem Nachbarn/Kollegen/Feind eins auswischen?

„Ein Mensch hat immer zwei Gründe für sein Handeln: Einen guten Grund und einen echten Grund." (John Pierpont Morgan, Bankier)

Die größten Hindernisse auf dem Weg zum Ziel überwindet nur die Person, die ein entsprechend großes Motiv hat. Nur wenn das WARUM stark genug ist, werden Sie das WIE realisieren, die notwendigen Handlungen zur Erreichung Ihres Zieles durchführen – egal wie groß die Hindernisse auch sein mögen.

Dabei stehen die Stärke der Handlung und die des Motivs in direkter Relation:

Je stärker das Motiv, desto stärker die Handlung.

Das WARUM beflügelt das Wie.

„Es gibt keine Hindernisse das zu erreichen, was Sie sich vorgenommen haben – außer denen, die Sie in Ihrem Bewusstsein kreieren." (Brian Tracy, Autor)

Denken Sie an das Surfwunderkind Bethany Hamilton, die bei einer Haiattacke ihren linken Arm und fast ihr Leben verlor, und weniger als ein Jahr später wieder eine Meisterschaft gewann.

Die Motivation sich nicht unterkriegen zu lassen und auch mit nur einem Arm wettbewerbsfähig zu sein in ihrem geliebten Sport, verliehen ihr die Energie wieder nach oben zu kommen.

Denken Sie an Reinhold Messner, der allein und ohne Sauerstoff zum Gipfel des Mount Everest emporstieg. Die Motivation, der erste Mensch zu sein, der diese Leistung vollbringen würde, verlieh ihm die dafür notwendige Ausdauer.

Denken sie an Gill Hicks, eine Australierin, die bei den Terroranschlägen in London beide Beine verlor und sich schwor, den Gang durch die Kirche zum Traualtar bei ihrer Hochzeit fünf Monate später ohne Hilfe zurückzulegen.
Die Motivation, sich nicht geschlagen zu geben, ihr Leben nicht von Terroristen bestimmen zulassen, ihre Hochzeit so zu feiern wie geplant, verliehen ihr die Kraft, in Rekordzeit ihre Rehabilitation abzuschließen und ohne fremde Hilfe zu gehen.

„Niederlagen machen dich stärker. Du nutzt sie als Sprungbrett. Schließe die Tür zur Vergangenheit. Versuche nicht deine Fehler zu vergessen, aber halte sie dir nicht dauernd vor. Lasse sie nichts von deiner Energie, deiner Zeit oder deines täglichen Lebens in Beschlag nehmen." (Jonny Cash, Countrysänger)

Oder denken Sie an die berühmte Geschichte von der Mutter, die ein Auto hochgehoben hat, um ihr darunter liegendes Kind zu retten.

Auch wenn ich bisher keinen eindeutigen Beweis für einen solchen Vorfall gefunden habe, so haben Mütter in extremen Gefahrensituationen ihrer Kinder doch immer wieder extreme Fähigkeiten gezeigt.
Die Motivation, ihre Kinder zu retten, verliehen den Frauen unglaubliche Kräfte.

Nichts – weder die großen noch die kleinen Dinge im Leben eines Menschen – geschieht ohne eine Verbin-

„Was aus Dir geworden ist, ist der Preis, den Du bezahlt hast, um zu bekommen, was Du immer wolltest." (Mignon McLaughlin, Novellistin)

dung der Gedanken mit einem Motiv. Des ureigensten und für diesen Menschen geltenden WARUM.

Ohne ein Motiv oder einen höheren Zweck bleiben alle Ihre Handlungen und damit auch Resultate im Leben bedeutungsleer.
Wobei die großen und wichtigen, die ureigensten Motive die großen und wichtigen die ureigensten Handlungen bestimmen.

Menschen ohne solch ein zentrales Lebensmotto, ohne Ziel und Zweck, ohne Richtung in ihrem Leben, werden zu Opfern von Ängsten, Verunsicherung und Selbstzweifeln – und sie werden zu Opfern anderer Menschen, die sie für IHRE Ziele und Zwecke ausnützen. Indem diese Menschen mehr oder weniger ziellos durchs Leben streifen, werden sie für sich zu wertlosen Gestalten und für andere zur Beute.
Weder verstehen sie sich selbst noch verstehen sie andere Menschen, weder vermögen sie sich selbst zu lieben noch andere.

„Wir müssen lernen, uns selbst der beste Freund zu sein, weil wir nur allzu leicht den Fehler machen, uns selbst der schlimmste Feind zu sein." (Roderick Thorp, Drehbuchautor)

Nicht schön, nicht erstrebenswert und doch tägliche Realität vieler Menschen.

Dabei ist es vollkommen egal, welchen Gedanken und welches Ziel wir mit unserem Motiv verbinden.

Seien es

- materielle Ziele wie ein Haus, ein neues Auto und Millionen auf dem Bankkonto,
- ideelle Ziele wie einen fitten Körper, gesündere Ernährung und ein ausgeglichenes Leben oder
- emotionale Ziele wie eine glückliche Partnerschaft und eine vertrauensvolle Beziehung zu unseren Kindern.

Wenn unser Motiv, Zweck oder Lebensmotto stark genug ist, wird es uns die erstrebten Resultate bringen.
Dann werden wir das Haus, das Auto und die Millionen, den fitten Körper, die gesunde Ernährung und das ausgeglichene Leben sowie die glückliche Partnerschaft und eine vertrauensvolle Beziehung zu unseren Kindern erreichen.

„Jeder Mensch ist genau da, wo er sein will – egal ob er es sich nun eingesteht oder nicht."
(Earl Nightingale, Philosoph)

Das Ziel selbst ist für das Erreichen desselben dabei vollkommen unbedeutend. Was zählt ist wie wichtig uns dieses Ziel wirklich ist, was zählt ist das WARUM.

Ausschlaggebend dabei ist, dass unserem Ziel ein starkes, **für uns absolut geltendes, wahres Motiv** zugrunde liegt. Dadurch fällt es uns leicht, ist praktisch selbstverständlich und natürlich, dieses Ziel ständig im Auge zu behalten. Unser Motiv wird uns ständig mit Lösungsmöglichkeiten versorgen, dieses Ziel zu erreichen – bis wir es erreicht haben.

Auf der anderen Seite wird uns ein schwaches Motiv auch nur zu schwachen Handlungen veranlassen.

„Glaube und handle als sei es unmöglich zu versagen." (Charles F. Kettering, Erfinder)

Unsere Sichtweise und Einschätzung der jeweiligen Lage ist entscheidend. Ist das Motiv stark, sind die Lösungsmöglichkeiten entsprechend stark. Und umgekehrt.

„Niemand ist jemals bedeutend oder groß geworden, ohne bedeutende und große Fehler gemacht zu haben." (William E. Gladstone, Premierminister)

Viele dieser Lösungsmöglichkeiten werden nicht auf Anhieb oder auch gar nicht funktionieren.
Völlig egal, wir wissen damit, was wir ausschließen können und brauchen das nicht zu wiederholen. Da unser Motiv aber stark genug ist, werden uns andere Lösungsmöglichkeiten einfallen. Und wenn diese nicht funktionieren noch andere.

Durch unsere im vorhergehenden Kapitel erlernte Technik, zu fragen: „Was ist das Gute an diesem Scheitern?" werden wir wertvolle Erkenntnisse sammeln und bessere Lösungsmöglichkeiten ersinnen.

„Fall sieben Mal hin, steh acht Mal wieder auf." (Japanisches Sprichwort)

Alle erfolgreichen Menschen, seien es Spitzen- und Profisportler, Sänger und Schauspieler, Unternehmer, Erfinder oder Politiker, sind weitaus öfter gescheitert als der Durchschnittsbürger.
Sie hatten aber ein entsprechend großes Motiv, auch nach den bittersten Niederlagen weiterzumachen.

Sie alle haben eines der wichtigsten Lebensgesetze überhaupt verinnerlicht:

Nicht wer hinfällt hat verloren, sondern wer liegen bleibt.

„Fallen ist weder gefährlich noch eine Schande. Liegenbleiben ist beides."
(Konrad Adenauer, Bundeskanzler)

Erfolgreiche Menschen stehen wieder auf, analysieren was schief gegangen ist und versuchen es auf eine andere Art und Weise. Ihr Motiv ist so stark, dass sie NICHTS ABER AUCH GAR NICHTS VON IHREM WEG ABBRINGEN KANN.
Ihr Motiv ist ihr Motor, der sie auch die steilsten Berge hoch bringt und über den Gipfel. Wenn es dann mal läuft, auf der anderen Seite bergab oder auf gerader Strecke zwischen zwei Bergen, sind sie kaum noch zu bremsen.

Damit werden Ihre Gedanken und daraus folgenden Handlungen extrem stark und zielgerichtet.

„Du musst etwas finden, dass du so stark willst, das du alle Risiken überwindest, über jede Hürde springst und durch jede Mauer brichst, die immer auf dem Weg zum Erfolg erscheinen. Wenn du diese Entschlossenheit nicht hast, wirst am ersten großen Hindernis scheitern."
(George Lucas, Filmproduzent)

Gedankendoping besteht auch in der Erkenntnis des <u>persönlichen</u> WARUM.

Nun müssen Sie nicht beunruhigt sein, wenn Ihnen Ihr WARUM, Ihr Motiv, Ihr Zweck allen Handelns nicht sofort und eindeutig klar ist. Es gibt keinen Grund, verzweifelt die Hände über dem Kopf zusammen zu schlagen und auszurufen: „Was soll ich nur machen? Ich weiß nicht, was mein persönliches WARUM ist, und was ich in diesem Leben tatsächlich erreichen will!“

> *„Die Klarheit seines Inneren ist für den Menschen das höchste Gut.“*
> *(Adalbert Stifter, Erzähler)*

Vielleicht kennen Sie Ihr Motiv gar nicht, wie wir im Fall von Angela gesehen haben, handeln aber trotzdem danach – wenn auch in falscher Richtung. Vielleicht hat sich Ihr Motiv auch (noch nicht) entsprechend stark genug entwickelt.
Wo auch immer Sie sich in diesem Prozess befinden, ist eines von hoher Wichtigkeit:

> *„Ziel des Lebens ist Selbstentwicklung. Das eigene Wesen völlig zur Entfaltung zu bringen – das ist unsere Bestimmung.“*
> *(Oscar Wilde, Schriftsteller)*

Bereiten Sie sich vor auf den Zeitpunkt X – auf den Moment, wenn Ihnen ein Licht aufgeht. Wenn Sie Ihr Motiv erkennen und beginnen aktiv nach seiner Verwirklichung zu streben. Durch lernen, lesen und zuhören.
Das Licht wird so hell sein, dass Sie dann ganz genau wissen, was es bedeutet, es wird Ihnen im wahrsten Sinne des Wortes heimleuchten, Sie dahin führen, wo Ihr eigentliches Ziel – vielleicht sogar Ihre Bestimmung liegt.

Als kleine Hilfe zünde ich im nächsten Kapitel eine Fackel an, um Sie auf den richtigen Weg zu bringen.

4 Wer ist verantwortlich für Ihren Erfolg oder Misserfolg?

Feuerzeug raus, Fackel zur Hand und anzünden:

Alles was Sie im Leben erreichen oder nicht erreichen ist das direkte Resultat Ihrer Gedanken.

> *„Dem unverbesserlichen Pessimisten ist jeder Misserfolg recht um Recht zu behalten." (Billy Wilder, Regisseur)*

Wenn Dinge schief gehen, akzeptieren Sie Ihre Verantwortung dafür und lernen Sie daraus.

Wenn Dinge gut gehen, akzeptieren Sie Ihre Verantwortung dafür und lernen Sie daraus.

> *„Diejenigen, die es nicht können, werden selbstverständlich zu Kritikern." (Rick Beneteau, Unternehmer)*

Diese Behauptung wird den ein oder anderen zu heftigster Gegenrede animieren. „Moment mal", sagen Sie, „mal nicht so schnell hier. Wenn dieses oder jenes mir nicht dazwischen gekommen wäre, mir dieser oder jener nicht in die Suppe gespuckt hätte, wäre ich schon längst am Ziel.

Ich sage: „Wäre und hätte gilt nicht" und erinnere mich mit Freude an eine der Grundweisheiten meines Vaters (ein Bayer ...)
„Wann da Hund net g'schissen hätt, hätt' an Hasen dawischt!"

„Ich habe alles getan, was in meiner Macht steht", sagen Sie. „Die, der, das .... ist schuld, dass es scheiterte. Es ist nicht MEIN Fehler!"

Ich sage: „Das ist keine Frage von Schuld oder Fehlern sondern von Verantwortung."

„Wir müssen selbst die Veränderung sein, die wir in der Welt sehen wollen." (Mahatma Gandhi, Friedensaktivist)

Wenn Dinge schief gehen, akzeptieren Sie Ihre Verantwortung dafür und lernen Sie daraus.

Wenn Dinge gut gehen, akzeptieren Sie Ihre Verantwortung dafür und lernen Sie daraus.

„Zwischen Reiz und Reaktion liegt ein Raum. In diesem Raum liegt unsere Macht zur Wahl unserer Reaktion. In unserer Reaktion liegen unsere Entwicklung und unsere Freiheit." (Viktor Frankl, Psychologe)

An dieser Stelle noch einmal der Hinweis, dass es selbstverständlich Extremsituationen gibt, für die der Einzelne eher weniger die Verantwortung übernehmen kann.
Wenn die Hochzeitsgesellschaft in Bagdad von einer Präzisionsbombe der US Armee ausgelöscht wird, so kann man den Menschen dafür schlecht die Verantwortung zuschreiben. Denen auf der falschen Seite der Bombe wohlbemerkt.
Wovon ich hier rede sind die 99,999 Prozent der Situationen im Leben, die sich jeder einzelne Mensch sehr wohl bewusst machen kann, in denen er sehr wohl die Wechselwirkung zu erkennen in der Lage ist zwischen der von außen auf ihn wir-

kenden Aktionen und der von ihm auf die Außenwelt wirkenden Aktionen.

Zurück zu den einfachen Dingen des Lebens:

Wenn Dinge schief gehen, akzeptieren Sie Ihre Verantwortung dafür und lernen Sie daraus.

Wenn Dinge gut gehen, akzeptieren Sie Ihre Verantwortung dafür und lernen Sie daraus.

> *„Alles, was ich nicht erreicht habe im Leben, habe ich ausschließlich mir selbst zu verdanken."*
> *(Abraham Lincoln, Präsident)*

Wie komme ich zu dieser Feststellung?

Ganz einfach. Schauen wir uns doch einmal an, was passiert, wenn Sie NICHT die Verantwortung übernehmen.

Wenn Sie nicht die Verantwortung für das Scheitern oder Gelingen Ihrer Ziele übernehmen, wer übernimmt sie dann?

Denn irgendjemand oder irgendetwas muss ja wohl ursächlich für Aktionen (egal ob erfolgreich, gescheitert oder irgendwo dazwischen) verantwortlich sein.
Ausdrücklich möchte ich darauf hinweisen, dass dazu selbstverständlich (und gerade) auch REAKTIONEN auf von außen auf Sie einwirkende Ereignisse gehören – mehr dazu etwas weiter unten.

Wenn also Sie nicht verantwortlich für Ihr Handeln (aktiv wie passiv, actio wie reactio) sind, WER dann?

„Verantwortung ist eine abnehmbare Last, die sich leicht Gott, dem Schicksal, dem Glück, dem Zufall oder dem Nächsten aufladen lässt. In den Tagen der Astrologie war es üblich, sie einem Stern aufzubürden." (Ambrose Bierce, Schriftsteller)

Eine höhere Macht?
Gerne wird Gott, Allah, der heilige Geist, das Schicksal oder welche höhere Macht auch immer für alles Wirken dieser Welt verantwortlich gemacht.
Dieser Einstellung vermochte ich schon als Kind herzlich wenig abzugewinnen. Als mir mein Vater einmal davon erzählte, wie ein Wehrmachtspfarrer die Stukas vor einem Angriff gegen russische Einheiten segnete und für den Sieg betete, fragte ich mich: „Und was war mit den Russen? Hatten die keinen Pfarrer für ihre Kanonen?" Sie hatten.

„Gott beantwortet das Gebet auf seine Weise, nicht auf die unsrige." (Mahatma Gandhi, Friedensaktivist)

Doch die Worte und Segnungen der Geistlichen – weder auf russischer noch auf deutscher Seite – dürften wohl kaum für den Ausgang des Gefechts verantwortlich gewesen sein.

Das Motto „Hilf dir selbst, dann hilft dir Gott", leuchtet mir da weitaus mehr ein.

Dazu kommt, dass alle Weltreligionen sich zumindest darin einig sind, dass eine höhere, für den Menschen nicht (be)-greifbare Macht denselben mit Gaben und Fähigkeiten ausstattete, sein Leben zu meistern. WIE der Mensch die ihm so reichlich und variabel gegebenen Fähigkeiten einsetzt (oder eben auch nicht einsetzt) liegt aber nicht in Gottes Hand, sondern in der des einzelnen Individuums.

Wenn also keine höhere Macht für das Scheitern oder Gelingen unserer Handlungen zur Verantwortung zu ziehen ist, wer oder was dann?

Das (soziale) Umfeld?

Nun, wenn das Umfeld tatsächlich der Grund für Erfolg oder Scheitern im Leben wäre, müssten Personen, die einem bestimmten Umfeld angehören – sei es sozial oder geografisch – den Erfolg gepachtet haben. Dagegen wären die Angehörigen eines anderen Umfeldes die totalen Loser.

„Ich glaube dass Du dein Schicksal bestimmst. Du prägst Dein Leben selbst. Das meiste ist Einstellungssache, und genau danach habe ich mein Leben ausgerichtet. Ich bewege mich innerhalb dieser Einstellungen und welche das sind, liegt alleine an mir."
(Brad Pitt, Schauspieler)

Das aber stimmt so nicht:

Es gibt genügend Beispiele von Menschen, die aus der „Oberschicht" kommen oder einem sonst wie gearteten privilegierten Umfeld angehören, und die absolute Nullen in allen Bereichen des Lebens sind und nichts aber auch gar nichts Vernünftiges zu Stande bringen.

Denken Sie nur einmal an die vielen (armen) Kinder der Reichen und Schönen des Showbiz. Da gab (und gibt es) mehr Depressionen, Drogen und Selbstmorde als man erwarten sollte von Menschen, die wohlbehütet, in sicheren finanziellen Verhältnissen und mit Zugang zu allen nur möglichen Ressourcen aufgewachsen sind.

„Nicht Besitz macht reich, sondern Freude."
(Chinesisches Sprichwort)

Ein Blick in die Boulevardpresse liefert die gesamte Palette des Scheiterns.
Dagegen gibt es mindestens genau so viele Beispiele von Menschen, die aus der „Unterschicht“ kommen oder einem sonst wie gearteten benachteiligten Umfeld angehören und die absolute Spitzenleistungen vollbringen und Erfolge feiern in allen nur möglichen Bereichen des Lebens.

„Das Schicksal mischt die Karten, und wir spielen.“ (Arthur Schopenhauer, Philosoph)

Dazu gehören die ganzen „vom Tellerwäscher zum Millionär“ Geschichten, namhafte Hollywoodstars oder Spitzensportler.

Da wurden Unternehmen in der Garage gegründet (der größte Computerhersteller der Welt Michael Dell), jahrelang in B- und C-Filmen gespielt, bevor als „hoffnungslose Fälle“ abgestempelte Schauspieler über Nacht zu Megastars wurden (Sylvester Stallone) oder wurde ein aus kleinsten Verhältnissen stammender KFZ-Mechaniker zum bestbezahlten Sportler der Welt (Michael Schumacher).

Dass es nur eine Minderzahl solcher Beispiele gibt – Loser aus der „Oberschicht“, Gewinner aus der „Unterklasse“ – zeigt lediglich, dass diese Menschen sich in entsprechenden Situationen entsprechend anders verhalten haben, als die Mehrheit ihrer Schicht, Klasse oder ihres (sozialen) Umfeldes.

Sie haben bewiesen, dass es Alternativen gibt. Genauso wenig wie Reichtum und Beziehungen eine Garantie auf Erfolg

sind, sind Armut und das „Stigma" der Unterprivilegierung eine Garantie für das Scheitern im Leben.
Gut, wenn also nicht das Umfeld, vielleicht sind Bildung und Erziehung verantwortlich für Erfolg oder Scheitern im Leben.

> *„Wenn du eine Garantie haben willst, kauf dir einen Toaster."*
> *(Clint Eastwood, Schauspieler)*

Funktioniert auch nicht:
Wenn denn die Bildung die entscheidende Rolle spielen würde, warum gibt es dann so viele hochgebildete Menschen, Doktoren, Professoren gar, die absolute soziale Krüppel sind, einsam und verlassen leben, dem Alkohol verfallen, die Ehefrau verprügeln, zum fünften mal geschieden, straffällig und/oder total bankrott?
Wie könnten dann auf der anderen Seite Schul- oder Studienabbrecher herausragende Erfolge feiern, Unternehmen mit Milliardengewinnen aufbauen sowie glücklich und zufrieden in Beruf und Privatleben sein?
(Anke Engelke, Peter Handke, Günter Jauch, Heike Makatsch, Erich Sixt, Berthold Brecht oder Alice Schwarzer, um mal nur eine Liste mit deutschen Studienabbrechern zu präsentieren.)

> *„Gesunder Menschenverstand kann fast jeden Grad von Bildung ersetzen, aber kein Grad von Bildung den gesunden Menschenverstand."*
> *(Arthur Schopenhauer, Philosoph)*

Zu guter Letzt versuchen wir eine andere beliebte Erklärung: Geld

> *„Ein reicher Mann ist oft nur ein armer Mann mit sehr viel Geld."*
> *(Aristoteles Onassis, Milliardär)*

Schuld am Ge- bzw. Misslingen unserer Handlungen und unseres Erfolges im Leben sind ausreichende bzw. mangelnde finanzielle Ressourcen.

Sie vermuten richtig. Auch diese Erklärung (besser Ausrede) lasse ich nicht gelten.
Wie auch?

Demgemäß müssten ja alle mit genügend Geld ausgestatteten Menschen z.B. erfolgreiche Unternehmer, Künstler oder Mütter sein.
Und kein mittelloser Mensch dürfte je zu einem erfolgreichen Politiker, Sportler oder Vater werden.

„Es kommt, wie's kommen muss, ist die Ausrede aller Faulpelze!“
(Wilhelm Raabe, Erzähler)

Keine der so beliebten Erklärungen: weder Höhere Macht, noch Umfeld, weder Bildung noch Geld sind für das Ge- bzw. Misslingen unserer Handlungen verantwortlich.

„Die Verantwortung für sich selbst ist die Wurzel jeder Verantwortung.“
(Mong Dsi, Philosoph)

Selbstverständlich spielen sie auf dem Weg zum Ziel eine Rolle. Höhere Mächte (so Sie daran glauben), das soziale Umfeld, die Bildung und Erziehung und das liebe Geld sind allesamt Kriterien auf dem Weg zum Erfolg, keine Frage.
Entweder als Felsbrocken und Flüsse oder als klare Wege und Brücken über Flüsse, machen sie es uns schwerer oder leichter unseren Weg zu dem Leben zu gehen, nach welchem wir uns sehnen – **verantwortlich aber sind sie nicht.**

Nein, die entscheidende Quelle für den Ausgang unserer Unternehmungen liegt in der Art und Weise, wie wir auf diese Kriterien reagieren, wie wir mit ihnen umgehen. Und das geschieht vor allem anderen immer zuerst mit einer gedanklichen Beschäftigung.

Hier ein kleines Beispiel:

> *„Wenn Du wirklich etwas willst, findest Du auch einen Weg. Willst Du es nicht wirklich, findest Du Ausreden."*
> *(Arabisches Sprichwort)*

Einer meiner Klienten, ein Drehbuchautor, der eigentlich zu mir kam, um durch Kameratraining seine Präsentationsfähigkeiten zu verbessern, um seine Scripts besser verkaufen zu können, hielt sich jahrelang mit Auftragsarbeiten im Soap-Opera-Genre über Wasser. Sein Traum jedoch war die Geschichte über einen melancholischen Killer. Er hatte das Script, wie er mir versicherte, jedem aber auch wirklich jedem in Australien angeboten. Ergebnis: nur Absagen – die Quote seines Scheiterns lag bei bemerkenswerten 100%. Zu diesem Zeitpunkt begann er sein spezielles Gedankendoping Training.

> *„Habe keine Angst davor langsam zu gehen, sondern nur davor, still zu stehen."*
> *(Chinesisches Sprichwort)*

Neben der tatsächlichen Verbesserung seiner Präsentationsfähigkeiten unterstützen und schulten wir ihn ebenso in der Zuversicht und dem Glauben an sein Drehbuch. Ergebnis: er wusste, dass irgendwo da draußen in der Filmindustrie die Person existiert, die seine Story schließlich akzeptieren würde.

„Erfolg hat nur, wer etwas tut, während er auf den Erfolg wartet."
(Thomas Alva Edison, Erfinder)

Er behielt Recht, verkaufte das Drehbuch für 150.000 Dollar nach Amerika und bekam gleich noch 100.000 Dollar für eine andere Idee, die er ausarbeiten soll, als Zugabe oben drauf.

Er war nicht einmal eine Woche in den Vereinigten Staaten, die Verhandlungen dauerten gerade mal einen Vormittag und er kam mit einer Viertel Million Dollar (US, nicht australische!) zurück nach Sydney.

Und das nur, weil er auf die zahlreichen Ablehnungen nicht mit Verzagen und Aufgeben reagiert hat, oder mit umschreiben und anpassen, sondern mit Ausdauer, Zuversicht und Glaube an sich und sein Produkt. Unsere Hilfe war dabei eher marginal, da er sich bereits auf dem richtigen Weg befand. Wir haben ihn lediglich auf den letzten Metern etwas gedopt, seine Verkaufsfähigkeiten verbessert und ihm so über die Ziellinie geholfen.

Hier noch eine aus dem Rahmen fallende Reaktion – und das sind genau die, die am Ende Erfolg haben. Eine Story, die ich auf der Deutschen Welle gesehen habe. Es ging um Deutsche, die im Ausland arbeiten.

„Ich will dem Schicksal in den Rachen greifen."
(Ludwig van Beethoven, Komponist)

Gezeigt wurde das Beispiel einer 29-jährigen Dresdenerin, die nach Studium und Ausbildung zur Architektin in Deutschland trotz vieler Bemühungen keine Anstellung fand.

Sie recherchierte im Internet, besann sich auf einen alten Wunsch, im Ausland zu arbeiten und eine zweite Fremdsprache erlernen zu wollen.
Sie fand und nahm schließlich eine Anstellung in einem Architekturkontor in Nordschweden an.

Auch ihre Reaktion auf die wenig rosigen Verhältnisse (in diesem Fall für Architekten in Deutschland) war beispielhaft.

Weder steckte sie den Kopf in den Sand, noch nahm sie eine andere Arbeit an oder gar einen anderen Beruf und schulte um, wie ihr die Sachbearbeiter der alldeutschen Arbeitsagentur in ihrer unergründlichen Weißheit allen Ernstes vorschlugen. Sie blieb ihrem Traumberuf treu und fand sogar noch einen weiteren Vorteil (das Erlernen einer Fremdsprache) ihr Ziel in die Tat umzusetzen.

„Mit jeder Aktion sind Risiken und Kosten verbunden. Sie sind aber weitaus geringer als die Risiken und Kosten komfortabler Nichtaktion.“
(John F. Kennedy, Präsident)

Für beide oben beschriebenen Fälle und damit stellvertretend für alle Menschen gilt:
Zurückweisung ist nur ein Konzept, eine Sache der Einstellung.
Wenn Sie jemanden um einen Gefallen bitten oder etwas fragen und die Antwort „nein“ lautet, hat sich an Ihrer Situation prinzipiell nichts verändert.

Ihre Reaktion allerdings ist entscheidend.

„Wenn Menschen ihre innere Einstellung ändern, können sie auch die äußeren Umstände ihres Lebens ändern.“
(William James, Philosoph)

Der positive, der Erfolgsmensch sagt sich: „Wen frage ich als nächstes?“ und macht sich an die Aufgabe.

> *„Diszipliniere Dich selbst, die notwendigen Dinge zu tun, wenn sie notwendig sind, und der Tag wird kommen, an dem du die Dinge, die Du tun willst, tust, wenn Du sie tun willst.“*
> *(Zig Ziglar, Autor)*

Der negative Mensch, der Loser, putzt sich erst einmal runter: „Du Vollidiot, wie konntest du nur in dieser Situation oder diesen Menschen fragen“ und vergeudet wertvolle Zeit und Energie. Dabei ist er genau da, wo er vorher auch war.

Weder hat er durch das „nein“ etwas gewonnen noch etwas verloren. Er hat nur eine Möglichkeit ausgeschlossen. Alles ist nur eine Frage der Einstellung
Womit sich der Kreis zu meiner Ausgangsbehauptung schließt:

Die rund 1,5 Kg weiße Masse zwischen unseren Ohren UND **WIE WIR SIE BENUTZEN** ist verantwortlich für:
- Erfolg oder Misserfolg
- Besitztum oder Armut
- Gute oder schlechte Beziehungen
- Selbstvertrauen oder Selbstzweifel
- Energie oder Schlappheit
- Abenteuer oder Langeweile
- Glück oder Pech
- Zufriedenheit oder Missgunst
- Ein vollfülltes oder ein tristes Leben
- Gelassenheit oder Wut

- Vergebung oder Vergeltung
- Größe oder Mittelmäßigkeit
- Freigiebigkeit oder Habsucht
- Fülle oder Leere

„Die Einsamkeit des Menschen ist nichts anderes als die Angst vorm Leben."
(Eugene O'Neill, Dramatiker)

Was auch immer sich in Ihrem Leben, also Ihrer Realität manifestiert, gut oder schlecht, lustig oder traurig, glücklich oder unglücklich, liegt im Inneren selbst Ihrer täglichen Gedanken begründet.

Die gedankliche Auseinandersetzung mit einem Thema und die daraus resultierende Handlung, die immer ein ganz bestimmtes Ziel verfolgt, wird auch immer zu einem ganz bestimmten Ergebnis führen.

Einem von nur vier möglichen, um genau zu sein:

1. Sie werden sich in Richtung Ihres Zieles bewegen
2. Sie werden sich von Ihrem Ziel fortbewegen
3. Sie werden sich im selben Abstand um ihr Ziel herumbewegen
4. Sie werden sich überhaupt nicht bewegen und in Ihrer momentanen Situation verharren

„Wenn Du auf dem richtigen Weg bist, dort aber nur rumsitzt, wirst Du über den Haufen gerannt."
(Will Rogers, Komiker)

Mehr Möglichkeiten gibt es nicht: Fortschritt, Rückschritt, Kreisbewegung oder Stillstand.

„Entscheidend ist nicht die Frage, ob man Macht hat, entscheidend ist die Frage, wie man mit ihr umgeht." (Alfred Herrhausen, Bankier)

Und die Wahl dazu haben Sie jeden Tag, jede Stunde, jede Minute IN JEDEM AUGENBLICK.

Diese Wahl KANN und WIRD Ihnen keiner nehmen. Das ist und bleibt IHRE Verantwortung.

Wollen Sie Änderungen in Ihrer äußeren Welt herbeiführen, müssen Sie zunächst Ihre innere ändern.
Niemand anders als Sie selber kann Ihre innerer Welt ändern, denn niemand anders hat Zugang dazu. Niemand kann für Sie Ihre Gedanken denken.

Andere Menschen oder Konzepte wie Gedankendoping vermögen als Vorbilder zu dienen, Beispiele oder Modelle. Sie eröffnen Ihnen neue Wege des Denkens, decken Zusammenhänge auf oder bieten Rat an.

„Rechtes Handeln folgt dem rechten Denken." (Sokrates, Philosoph)

Keine Hilfe von außen aber kann etwas ändern, **solange Sie nicht bereit und willens sind selbst etwas zu ändern**.
Nur Sie halten den Schlüssel zu Ihrem Erfolg oder Misserfolg in der Hand, denn nur Sie kontrollieren was Sie denken.

Selbstverständlich ist es leichter, jemand anderem oder etwas anderes für den Erfolg oder Misserfolg in Ihrem bisherigen Leben verantwortlich zu machen (besonders für letzteres...)

Tatsächliche Veränderungen werden aber nur aus der Bereitschaft geboren, die Verantwortung für Ihr **gesamtes** Denken und Handeln zu übernehmen.

Das Ausmaß Ihres Erfolges, der Zufriedenheit mit und in Ihrem Leben sowie der Leistungen, die Sie zustande bringen, steht in direkter Relation zur Kraft Ihrer Gedanken, indem diese der Ausgangspunkt für effektive Aktionen sind, welche Sie einem bestimmten, klaren Ziel näher bringen, dem ihr ureigenstes Lebensmotto und Motiv zu Grunde liegt.

Lassen Sie es mich noch einmal wiederholen, da es die Grundlage von Gedankendoping ist:

„Nicht das Problem macht die Schwierigkeiten sondern unsere Sichtweise."
(Viktor Frankl, Psychologe)

Das Ausmaß Ihres Erfolges, der Zufriedenheit mit und in Ihrem Leben sowie der Leistungen, die Sie zustande bringen, steht in direkter Relation zur Kraft Ihrer Gedanken, indem diese der Ausgangspunkt für effektive Aktionen sind, welche Sie einem bestimmten, klaren Ziel näher bringen, dem ihr ureigenstes Lebensmotto und Motiv zu Grunde liegt.

Lesen Sie dieses Statement jetzt mindestens 10 Mal durch und brennen Sie es sich mit einer Gedankenfackel ins Hirn.
Entzünden Sie ein Feuer, lassen Sie es niemals ausgehen, wärmen Sie sich

„Unsere Taten sind der wahre Maßstab unserer Intelligenz."
(Napoleon Hill, Autor)

an ihm, holen Sie andere Menschen dazu, braten Sie einen Ochsen über den Flammen und Kartoffeln in der Glut.

Das Ausmaß Ihres Erfolges, der Zufriedenheit mit und in Ihrem Leben sowie der Leistungen, die Sie zustande bringen, steht in direkter Relation zur Kraft Ihrer Gedanken, indem diese der Ausgangspunkt für effektive Aktionen sind, welche Sie einem bestimmten, klaren Ziel näher bringen, dem ihr ureigenstes Lebensmotto und Motiv zu Grunde liegt.

„Sich vor seiner Verantwortung drücken ist leicht, aber vor den Folgen des Drückens vor der Verantwortung können wir uns nicht drücken."
(Unbekannt)

Kein sinnvoller Erfolg, andauerndes Lebensglück oder langfristig geltende Leistung wurde jemals ohne die Erkenntnis dieses universalen Zusammenhangs erreicht.

5 Auf Los geht's los oder: Mach Deine Träume (endlich) wahr!

Je älter wir werden, desto mehr neigen wir dazu, uns gegen Enttäuschungen mit aller Macht schützen zu wollen. Das hat den Effekt, dass wir uns vielfach geistig einengen.

„Und plötzlich weißt du: Es ist Zeit, etwas Neues zu beginnen und dem Zauber des Anfangs zu vertrauen."
(Meister Eckhart, Dominikanermönch)

Anstatt unseren Geist zu öffnen und alles Neue willkommen zu heißen, machen wir zu, igeln uns ein und machen es uns „schön gemütlich" in unserer Komfortzone. Nicht wissend, dass die Mauern, die wir aufbauen, uns zu schützen, uns tatsächlich einsperren.

„Vom Ziel haben viele Menschen einen Begriff, nur möchten sie es gerne schlendernd erreichen."
(Johann Wolfgang von Goethe, Dichter)

Es erscheint uns sicherer zu sein, nicht zu viele Träume zu haben, die sich dann nicht erfüllen und uns Enttäuschungen bescheren.
Viele denken: O.k. es ist vielleicht nicht der Himmel auf Erden, den ich mir hier geschaffen habe, aber eigentlich habe ich es mir hier doch ganz gut eingerichtet, und es ist allemal besser, als irgendwelche Träume und Hoffnungen vor die Hunde gehen zu sehen und dann darüber enttäuscht zu sein. Dann spare ich mir das Träumen und Hoffen doch besser gleich.

Das Problem mit dieser (weitverbreiteten) Einstellung ist, dass mit zunehmendem Alter dadurch genau die Gedanken ausgeschlossen, negiert oder gar unterdrückt werden, die zur Änderung des mittelmäßigen und im wahrsten Sinne des Wortes eingeengten, eigentlich tristen Lebens führen würden.

„Du siehst die Dinge und fragst: ‚Warum?' Ich aber erträume Dinge, die es noch nie gab und frage: ‚Warum nicht?'"
(George Bernhard Shaw, Literaturnobelpreisträger)

Da alles Tun und Lassen, jede Aktion Ihres Lebens, den Ausgang in Ihrem Denken nimmt, müssen Sie auch Willens sein, neue Ideen, Meinungen und Gedanken zuzulassen. Wenn Sie immer den gleichen Ideen nachhängen, immer die gleichen Gedanken denken (sie erinnern sich an den Automatismus?), werden Sie auch immer die gleichen Ergebnisse haben.

„Die Neugier steht immer an erster Stelle eines Problems, das gelöst werden will."
(Galileo Galilei, Wissenschaftler)

Ich gehe davon aus, dass Sie nicht bis hierher gelesen hätten, wären Sie nicht zumindest an neuen Ideen interessiert und hätten nicht noch eine gute Portion einer der wichtigsten und hervorragendsten (menschlichen) Eigenschaften: **der Neugier.**

Weiterhin hätten Sie schon längst mit dem Lesen aufgehört, wenn Sie mit Ihrem jetzigen Leben 100% zufrieden wären.

Selbstverständlich wollen wir alle uns Enttäuschungen ersparen. Wer möchte schon verletzt werden oder sich zum Idioten machen? Wer macht schon gern Fehler oder liegt mit seiner Einschätzung vollkommen daneben?

Fakt ist allerdings, dass negative Erlebnisse zum Leben dazu gehören. Das ganze ist ein großes duales System: Ohne Misserfolg gibt es keinen Erfolg – und umgekehrt. Das eine kann ohne das andere nicht existieren.

> *„Du lebst nur einmal – aber wenn du das Beste daraus machst, ist einmal genug."*
> *(Joe Louis, Boxweltmeister)*

Entscheidend ist, wie wir mit diesen Situation umgehen.

Eine der wirkungsvollsten Techniken in diesem universalen dualen System des Lebens die Kontrolle zu behalten und entsprechend erfolgreich vor allen Dingen aus den negativen Situation hervorzugehen kommt aus dem Neurolinguistischen Programmieren – kurz NLP genannt.

> *„Es sind nicht die Ereignisse unseres Lebens die zählen, sondern wie wir auf sie reagieren."*
> *(Federico García Lorca, Poet)*

Die Technik heißt anchoring oder zu gut deutsch verankern.

Kurz gesagt verankert man mit diesem Vorgang ein positives Erlebnis der Vergangenheit in seinem Bewusstsein und ruft diese Situation und die damit verbundenen positiven Erfahrungen in anderen vergleichbaren Situationen hervor, in denen man einen positiven Pusch benötigt.

„Alle Dinge sind dazu da, damit sie uns Bilder werden in irgendeinem Sinne." (Rainer Maria Rilke, Dichter)

Hier zwei Beispiele zum besseren Verständnis:
Fotos sind gute Anker, weshalb viele Menschen Bilder ihrer Kinder oder Partner am Arbeitsplatz oder in der Brieftasche haben. Wenn Sie in irgendeiner Art und Weise mit einer negativen Situation konfrontiert werden, so gibt ein kurzer Blick auf die Bilder der Geliebten und Vertrauten ihnen ein wenig Kraft, um diese Situation zu überstehen.

Das ist dann ein visueller Anker.

„Musik ist die Stenographie des Gefühls." (Leo Tolstoi, Schriftsteller)

Es gibt auch tonale Anker. Das sind zum Beispiel Lieder und Musikstücke. Sie kennen sicher den Ausdruck: „das ist unser Lied." Wann immer ein bestimmter Song gespielt wird, erinnern sich die Beteiligten an den ersten Tanz mit dem späteren Partner oder an sonst ein anderes sehr positives Erlebnis. Oder man hört sich bewusst ein bestimmtes Stück Musik an, um in bessere Stimmung zu kommen.

Das ganze funktioniert natürlich auch in entgegengesetzter Richtung, wenn man zum Beispiel Bilder des ehemaligen Partners findet oder Lieder hört, die an ehemalige Partner erinnern. Dann kann es durchaus passieren, das dies eine negative Stimmung auslöst, weil die Beziehung so eben nicht mehr besteht und man die positiven Erlebnisse verloren hat.

Auch für diese Situation gibt es Techniken aus dem NLP, indem man negative Anker kollabiert und so die Erinnerung und Konfrontation mit vergangenem Schmerz einfach kappt.
Das ganze habe ich hier jetzt zwar nur sehr vereinfacht dargestellt aber in beiden Fällen und natürlich vielen anderen ist es eine sehr nützliche Technik. Und wie mit allen Dingen des Lebens kann man auch Anker-Techniken mittelmäßig, gut oder hervorragend beherrschen und einsetzen.

Die wirkungsvollsten Anker-Techniken können Sie auf einem meiner Seminare erlernen oder alternativ die Basistechnik auch auf einer Zusatz-CD zur erweiterten Audio-Fassung von Gedankendoping, die Sie auf der Webseite www.gedankendoping.com bestellen können.

Zurück zum universalen dualen System des Lebens, den positiven und negativen Situation desselben. Die positiven zu genießen fällt den meisten Menschen nicht schwer – das lernen daraus schon eher.
Wichtiger allerdings ist – und das kann ich nach sieben Jahren in Australien besonders gut für meine deutschen Landsleute sagen – ist der Umgang mit negativen Erlebnissen oder was wir dazu machen.

„Jeder Mensch verfolgt einen Traum in seinem Leben. Entweder den eigenen oder den eines anderen. Gib acht, das Du Deinen eigenen verfolgst!"
(Christopher LaBrec, Unternehmer)

Diese negativen Erlebnisse – eingebildet oder real – diese Verletzungen und Niederlagen dürfen wir nicht für Schuldzuweisungen, Selbstmitleid und Ausreden missbrauchen. Stattdessen sollten sie – genauso wie die positiven – als Lehre und Ansporn dienen.

Wir brauchen Visionen wie die Luft zum Atmen, denn wenn wir keine Visionen mehr haben, keinen Sinn und Zweck, kein großes für uns wichtiges Motiv für dieses Dasein, werden wir auch nichts erreichen im Leben. Gar nichts!
Wenn Sie sich nicht ständig mit neuen Ideen und Konzepten auseinandersetzen, nicht bewusst neue Menschen kennen lernen und neue Wege beschreiten wollen, werden Sie nie auf die Gedanken kommen, die für eine positive Änderung Ihres Lebens ausschlaggebend sind. Woher sollen sie auch kommen?

Es wird einfach nicht passieren.

„Du bist der Durchschnitt der fünf Menschen, mit denen Du Deine meiste Zeit verbringst." (Jim Rohn, Autor)

Auch das Gärtnern hat sich im Laufe der Zeit immer weiter entwickelt und verändert. Wer eine optimale Ernte einfahren will, muss sich optimaler Methoden bedienen, mit optimalen Werkzeugen arbeiten und ein optimales Netzwerk von Freunden und Gleichgesinnten unterhalten.

„Derjenige ohne Träume ist derjenige ohne Flügel." (Muhammad Ali, der Größte)

Also graben Sie Ihre Träume wieder aus, wühlen Sie in den Ecken Ihrer Erinnerung nach den Wünschen und Hoffnungen, den Abenteuern und Wundern Ihrer Kindheit und Jugend.

Auch wenn es Ihnen zunächst noch so albern erscheint, auch wenn Sie sich diese Träume kaum eingestehen möchten (geschweige denn Ihrem Partner oder Ihren Freunden...)

Verstecken Sie diese Träume nicht, holen Sie sie hervor und betrachten Sie sie genau.

Nun – merken Sie, dass Sie alles haben können im Leben, wenn Sie nur oft und fest genug daran denken und das Motiv für das Ziel Ihrer Wünsche ihr ureigenster Lebenszweck ist? Die beiden Faktoren Wunsch und Motiv, das WAS und das WARUM sind für das Ergreifen der notwendigen Aktionen zum Erreichen des Zieles zwingend notwendig.

Also verstecken Sie Ihre Träume nicht und verstecken Sie sich nicht vor Ihren Träumen.
Holen Sie sie hervor und stellen Sie sie gut sichtbar direkt vor sich auf. So, dass Sie sie gut und eingehend betrachten können.

„Wenn Du es träumen kannst, kannst Du es auch tun."
(Walt Disney, Vater der Maus)

Fühlt sich doch irgendwie gut an, wenn man so einen Traum vor sich hat, nicht wahr?

Wenn man an das eigene Pferd oder die Reise um die Welt denkt, den Swimmingpool hinter dem Haus oder den Sixpackbauch, die Liebe für das Leben und den Job, in man endlich das tun kann, was man will.

„Der Kopf ist rund, damit das Denken seine Richtung verändern kann.“ (Francis de Picabia, Maler)

Nehmen Sie diese Träume in vollem Bewusstsein an und auf. Verbinden Sie sie mit der Kraft Ihrer Gedanken. Wälzen Sie sie stetig in Ihrem Kopf von einer Ecke in die andere, leben Sie in und mit ihnen, und Sie werden sich in Ihrer Realität manifestieren. Früher oder später. Komme was da wolle.

Wenn J.K. Rowling nicht davon geträumt hätte ein Kinderbuch zu schreiben, hätte Harry Potter nie das Licht der Welt erblickt.
Wenn Franz Beckenbauer nicht davon geträumt hätte den WM-Pokal noch einmal in Händen zu halten, wäre er nicht Trainer der WM-Elf von 1990 geworden.

„Nur indem man das Unerreichbare anstrebt, gelingt das Erreichbare. Nur mit dem Unmöglichen als Ziel, gelingt das Mögliche.“ (Miguel de Unamuno, Schriftsteller)

Wenn Walt Disney nicht von Disney Land und Disney World geträumt hätte, würde es diese Fantasiewelten jetzt nicht geben.
Und wenn ich nicht vor langer Zeit den Traum gehabt hätte, am Strand zu sitzen und Bücher zu schreiben, würden Sie das jetzt hier nicht lesen.

Träumen Sie groß – haben Sie keine Hemmungen.

Träumen Sie so groß, dass bereits das Erreichen eines Zwischenziels Ihrem Leben eine vollkommen neue Qualität geben würde.

Wer nichts fragt, wird nichts bekommen, wer nichts wagt, nichts gewinnen.
Also fragen und bekommen Sie, wagen und gewinnen Sie was das Zeug hält. Jeden Tag ein bisschen mehr.

„Wenn eine Idee nicht zuerst absurd erscheint, taugt sie nichts."
(Albert Einstein, Genie)

Stellen Sie sich etwas richtig GROSSES vor.

Derzeit mag Ihr Leben nicht so laufen, wie Sie es sich wünschen:

- Ihr Leben ist vielleicht ein absolutes Debakel
- Ihr Leben mag Sie langweilen oder ist langweilig
- Ihr Leben mag von Armut bestimmt sein
- oder Sie haben einen Herzfehler
- oder eine andere Krankheit
- Sie mögen Ihre Wohnsituation hassen
- oder Ihren Nachbarn
- Sie mögen für einen Boss arbeiten, der ein Vollidiot ist
- oder für einen Hungerlohn
- Sie mögen voller Selbstzweifel sein
- oder einfach nur ständig müde
- Sie mögen vielleicht sogar in einer anscheinend vollkommen auswegslosen Situation stecken

ABER ALL DAS IST UNWICHTIG!

Was zählt ist, dass Sie alles, Ihr gesamtes Leben, ändern können, indem Sie Ihre Gedanken über diese Situationen, über Ihr Leben ändern.

„Es gehört oft mehr Mut dazu, seine Meinung zu ändern, als ihr treu zu bleiben."
(Friedrich Hebbel, Dichter)

„Pflege und bewahre Deine Träume und Visionen. Sie sind die Kinder Deiner Seele, der Entwurf dessen, was Du ultimativ erreichst im Leben."
(Napoleon Hill, Autor)

Natürlich benötigen einige Probleme viel Zeit zur Änderung und Lösung. Aber mit konstantem Denken, daraus resultierenden konstanten Aktionen – alles basierend auf einem starken Motiv – müssen Sie Ihre Ziele erreichen.

Mit diesem Gedankengebäude können Sie nicht scheitern, es muss zum Erfolg führen.

Also tun Sie sich einen Gefallen, nehmen Sie noch einmal die Fackel zur Hand und brennen es sich ins Gehirn.

„When you never, never go – you never, never know."
(Australisches Sprichwort)

Lesen Sie es jeden Tag – dreimal. Morgens, mittags und abends. Machen Sie es zu der Basis Ihres Erfolges. Lesen Sie es nicht nur, LEBEN SIE ES AUCH!

Dieser Satz vermag Ihnen die Kraft zu geben, die Sie benötigen, um Ihr Leben zu ändern, er vermag das Sprungbrett in eine andere, eine bessere Welt zu sein.

Sagen Sie JA

Das Ausmaß meines Erfolges steht in direkter Relation zur Kraft meiner Gedanken, indem diese der Ausgangspunkt für effektive Aktionen sind, welche mich einem bestimmten, klaren Ziel näher bringen, dem mein ureigenstes Lebensmotto und Motiv zu Grunde liegt.

Nachwort

Auch „Nein" zu sagen bedeutet einen Kraftaufwand. So wäre es ein fataler Trugschluss anzunehmen, ein Verbleiben in Ihren alten Gewohnheiten, in Ihrer Komfortzone würde Sie nichts kosten. Auch das Festhalten an alten, gewohnten Dingen bedeutet einen Kraftaufwand.

So oder so müssen Sie den Preis bezahlen.

Da ist es doch wohl besser, den Preis für das richtige „Nein" zu bezahlen.

Also sagen Sie „Nein" zu den negativen Gedanken und unwichtigen Dingen im Leben. Investieren Sie Ihre Energie in eine positive Zukunft und die Dinge, die WIRKLICH wichtig sind in Ihrem Leben.

„Nicht den Tod sollte man fürchten, sondern dass man nie beginnen wird, zu leben."
(Marc Aurel, Kaiser)

Investieren Sie in sich selbst, um endlich alle Ihre Ziele zu erreichen.

So lade ich Sie gerne persönlich ein, ein Gedankendoping Sprungbrettseminar zu besuchen. Den normalen Eintrittspreis von 1.297,– Euro pro Person schenke ich Ihnen, denn es ist mir wichtig, dass nicht finanzielle Barrieren Sie davon abhalten, sich auf den Weg zu Ihren Lebenszielen zu machen. So wie bereits fast 7.000 Teilnehmer (Stand 2010), die alle restlos begeistert sind:

Problembeseitigung in 2 Tagen

„2 Tage Sprungbrett-Intensiv-Seminar haben mehr gebracht als eine ganze Kiste Bücher in 10 Jahren geschafft haben:

- *Klarheit über mich selbst*
- *Konzentration*
- *Ursachen und dann Lösungsfindung*
- *Problembeseitigung von Dingen, die 37 Jahre schief gelaufen sind: In 2 Tagen!!!*

Noch nie habe ich so viel in so kurzer Zeit über mich herausgefunden. Danke."
Uli Zeisberg

Viele weitere Teilnehmerstimmen und Kommentare finden Sie unter www.gedankendoping.de/stimmen.

Sie können sich direkt auf der Gedankendoping Webseite zu einem der Sprungbrettseminare anmelden. Ausführliche Infos zu dem Seminar finden Sie hier: www.gedankendoping.de/sprungbrettseminar

In meinem Blog unter www.eugensimon.com, den Sie per RSS feed bestellen können, finden Sie wertvolle Hinweise und Tipps über die verschiedensten Wege zum Erfolg. Jede Art von Erfolg, in jedem Bereich unter anderem auch mit der Videoreihe: Die 12 wichtigsten Fragen zum Erfolg.

Wollen Sie an einem Gedankendoping-Seminar teilnehmen, um den entscheidenden Durchbruch zu Ihrem Erfolg zu machen, oder eines unserer stetig wachsenden Erfolgs-Garantie-Produkte ausprobieren, gehen Sie auf der Gedankendoping Webseite bitte in die Rubrik Dopingmittel.

„Es gibt nur einen Erfolg: Lebe Dein Leben nach Deinen eigenen Vorstellungen."
(Christopher Morley, Autor)

Im November 2007 haben wir das GEDANKENDOPING Mitgliederprogramm gestartet, welches sofort auf großes Interesse stieß und ebenso große Begeisterung auslöste.
Mit jeder Dosis GEDANKENDOPING, die Sie alle zwei Wochen erhalten, werden die Grundprinzipien des Erfolges kontinuierlich in Ihr tägliches Leben integriert, so dass Sie beginnen mehr und mehr Ihrer Lebensziele zu verwirklichen.

Der einzigartige Aufbau des Programms sowie die Organisation des Mitgliederforums garantiert Resultate in allen Bereichen des Lebens.

Zum Abschluss noch der Hinweis für Freunde von Hörbüchern:
Auf der Webseite unter der Rubrik Dopingmittel gibt es eine erweiterte Audio-Version von GEDANKENDOPING für Ihren MP3-Player, um im Auto oder beim Joggen „auf andere Gedanken zu kommen." Sie können sich natürlich auch eine CD davon brennen.

Anhang

Die GEDANKENDOPING Akademie für Selbstdenker

von Raffaela Cantagalli

Wenn man Ihnen einen ebenso wirksamen wie effektiven Weg zeigen würde, Ihr Leben im Handumdrehen zu verbessern und zwar in allen Bereichen von Beziehungen bis Finanzen, von Familie bis Gesundheit, von Beruf und Karriere bis innere Ausgeglichenheit – würden Sie diesen Weg beschreiten?

Eugen Simon, ein international anerkannter Trainer für persönliche Weiterbildung und Leadership, präsentiert diesen Weg nach jahrelangem Studium der besten Konzepte, Strategien und Techniken für Erfolg und Reichtum jetzt auch in Deutschland und Österreich.

„Es ist letztlich wie bei einem Radio", erklärt Simon. „Unzählig viele Sender stehen zur Verfügung, aber wir empfangen immer nur die Programme, deren Frequenz wir einstellen: Jazz, Pop, Klassik, Nachrichten, Kultur, Blasmusik. Genau so ist es im Leben.
Aber statt verschiedener Unterhaltungs- oder Kultur-Programme stehen uns da alle nur vorstellbaren Programme des Lebens zur Verfügung: Glück, Gelassenheit oder Reichtum in allen Lebenslagen aber auch Schuld, Ärger oder Angst. Dabei empfangen wir nur die Programme, die wir auch einstellen. Wir sitzen an den Knöpfen und Tasten des Lebens und wählen unsere Erfahrungen."

Simon legt Wert darauf, dass wir zu jedem Zeitpunkt die freie Entscheidung haben, welches Programm wir wählen und damit die Entscheidung, wie wir unser Leben selbst gestalten.

„Diese Programme (im wahrsten Sinne des Wortes) sitzen als Denk-, Verhaltens- und Gefühlsmuster im Unterbewusstsein und bestimmen, was wir im Alltag empfangen, was uns zufällt, was uns begegnet, wie wir welche Erfahrungen bewerten, wie wir handeln."

Und dann fragt er provokativ:
„Welche Programme haben Sie eingestellt? In der Beziehung? Im Beruf? Bei den Finanzen? Im Glücklichsein? In der Gesundheit? Die Antwort ist einfach: schauen Sie Ihr Leben an und Sie sehen Ihre Einstellung, Sie sehen genau, welche der vielen möglichen Programme Sie empfangen.

Sind Sie zufrieden mit dem, was Sie zu empfangen gewählt haben? Wenn nicht, dann ändern Sie die Programme und verändern Sie damit Ihr Leben."

Der Vater von zwei Kindern ist leidenschaftlich und sprüht vor Energie, wenn er über Erfolgskonzepte spricht. Konzepte, wie er versichert, die so simpel sind wie das 1 x 1. Aufbauend auf diesen Konzepten hat er Strategien und Techniken entwickelt, die nicht nur für sofortige sondern vor allem auch für andauernde Veränderungen im Leben sorgen.

„Jeder der einmal auf einem Seminar war, kennt das doch. Sie sind vollkommen aufgeheizt und denken Sie können die Welt aus den Angeln heben. Dabei haben die meisten Menschen nach ein bis zwei Wochen nicht einmal die einfachsten Dinge in ihrem Leben verändert. Binnen weniger Tage sind sie genau da, wo sie vorher waren.

Deshalb haben wir die GEDANKENDOPING Akademie für Selbstdenker entwickelt. Wir wissen, dass Lernen ein fortlaufender Prozess ist. Wie Alvin Toffler so schön sagte: Die Analphabeten des 21. Jahrhunderts werden nicht diejenigen sein, die nicht Lesen und Schreiben können, sondern diejenigen, die nicht lernen, verlernen und wieder lernen. Genau darum geht es. Viel zu viele Menschen denken einfach, sie müssten nichts mehr lernen. Sie würden schon alles wissen, was sie wissen müssen. Wenn das so wäre, warum haben sie dann keinen Erfolg? Warum leben sie dann ein Leben in geistiger und materieller Armut statt im Reichtum in allen Lebensbereichen?
Erfolgreiche Menschen wissen das sehr genau und investieren wieder und wieder in ihre Weiterbildung. Und selbstverständlich wollen sie Resultate sehen – schnell und andauernd."

Hier hake ich ein, denn jetzt will ich es genau wissen. Wie funktioniert die GEDANKENDOPING Akademie für Selbstdenker? Wie garantieren Sie die schnellen und andauernden Resultate?

Damit ist Eugen Simon in seinem Element.

„Die Schnelligkeit liegt auf der Hand, denn Veränderung geschieht immer in einem Augenblick. Manche Menschen benötigen aber Jahre um die ENTSCHEIDUNG dafür zu treffen. Es ist Unsinn, zu sagen, ich habe 10 Jahre gebraucht, um mir das Rauchen abzugewöhnen. Sie hören genau dann mit dem Rauchen auf, wenn Sie sich dazu entschieden haben. Und ab diesem Zeitpunkt der Entscheidung sind Sie Nichtraucher. Punkt. Oder Sie haben sich nicht wirklich entschieden. Das Resultat Ihrer Entscheidung – in diesem Fall also vom Raucher zum Nichtraucher zu konvertieren – bekommen Sie sehr, sehr schnell, nämlich sofort. Die Kunst, wenn Sie so wollen, ist es, zu dieser Entscheidung zu kommen.

Für die andauernden Resultate sorgen wir dadurch, dass die Veränderungen auf neurologischer Ebene verankert werden. Unter der Bezeichnung Minddoping Control System® und den Minddoping Repatterning® Techniken haben wir das Beste vom Besten auf dem Gebiet der tiefgreifenden persönlichen Weiterbildung zusammengefasst. Wir ersetzen dabei die alten erfolgsverhindernden neurologischen Autobahnen durch neue erfolgsfördernde Verbindungen im Gehirn.
Egal ob es um Beziehungen geht, Beruf und Karriere, Finanzen, Gesundheit, Familie, Spaß am Leben oder tiefe innere Gelassenheit, wir implementieren neues erfolgreiches Verhalten auf der Ebene, wo der Mensch tatsächlich seine Entscheidungen trifft: im Unterbewusstsein.
Nur dort verankert, werden Sie andauernde Veränderungen in Ihrem Leben erreichen. Auf dieser Ebene liegen Ihre bisher versteckten und ungenutzten Potentiale. Wenn Sie damit in Verbindung treten, beginnen Sie erst wirklich zu leben. Dann erleben Sie wahre Freiheit und erreichen Ziele, die Sie sich vorher nicht einmal vorzustellen wagten.
In der GEDANKENDOPING Akademie für Selbstdenker haben wir mittlerweile über 70 Anwendungen und Prozesse zusammengefasst, um diese Veränderungen und Resultate auf jede

nur erdenkliche Art und Weise zu erreichen. Die Entscheidung, diese Werkzeuge dann tatsächlich kennenzulernen und anzuwenden bleibt natürlich jedem selbst überlassen."

Jetzt bin ich wirklich neugierig geworden. Was versteckt sich hinter Minddoping Control System® und den Minddoping Repatterning® Techniken, möchte ich wissen.

„Dazu müssen Sie schon eines unserer Seminare besuchen." Simon lacht. „Im Ernst, es dreht sich meistens um das Dreieck aus Werten, Glaubensmustern und Angewohnheiten. Mit dem Minddoping Control System® und den Minddoping Repatterning® Techniken analysieren wir zunächst die alten Werte, Glaubensmuster und Angewohnheiten – dann upgraden wir diese Programme im Unterbewusstsein zu den Werten, Glaubensmustern und Verhaltensweisen erfolgreicher Menschen. Es geht primär darum, die alten eingefahrenen neurologischen Autobahnen im Gehirn durch neue, erfrischende zu ersetzen.
Damit erreichen wir signifikante und vor allem anhaltende Veränderungen in kürzester Zeit, die es jedem Selbstdenker erlauben, sehr schnell auf einem höheren Niveau das Spiel des Lebens zu spielen. Je mehr unsere Studenten sich mit den verschiedenen GEDANKENDOPING Konzepten, Strategien und Techniken auseinandersetzen, und vor allem umsetzen, desto schneller und effektiver bewegen sie sich plötzlich auf ihre Lebensziele zu. Dabei gilt die Maxime aller erfolgreichen Menschen: Übung macht den Meister.

Früher oder später platzt dann der Knoten. Es ist immer wieder erstaunlich zu beobachten, was bei unseren Studenten in solchen Momenten der Erkenntnis und des tiefgehenden

Verstehens passiert, wenn sie mit ihrem gesamten Potential in Kontakt treten. Die agieren auf einmal auf einem Energielevel, das sie niemals für möglich gehalten haben. Die können Sie kaum noch einfangen, so schnell machen sie Fortschritte in allen Bereichen ihres Lebens."

In seinen Kursen und Seminaren agiert Eugen Simon selbst auf einem Energielevel, das einfach nur erstaunt. Sein Wille zur Veränderung und sein Wunsch, so vielen Menschen wie nur möglich die Tür zu einem besseren erfolgreichen Leben zu öffnen, ist nahezu physisch greifbar. Diese Intensität zielt direkt ins Zentrum jedes einzelnen Teilnehmers, dort wo der Mensch „weiß", wie Simon es ausdrückt.

Und diese Intensität trifft.

„Wenn Sie während eines GEDANKENDOPING Seminars das Leuchten in den Augen sehen, die Energie, die plötzlich alle spüren und die sie verbindet, dann wird deutlich über was für ein unglaubliches Potential jeder einzelne verfügt. Dieses Potential zu entdecken, zu fördern und dann nutzbar zu machen ist das Ziel von GEDANKENDOPING.
Die vielen Briefe der Teilnehmer, die sich durch unsere Seminare auf den Weg zu ihren Quellen gemacht haben und endlich wahre Freiheit erleben sind für mich der größte Ansporn auf diesem Weg weiterzugehen."

„Fang heute an, kühn zu handeln! In dem Moment, wo du dich einer Sache wirklich verschreibst, rückt der Himmel in deine Reichweite."
(Johann Wolfgang von Goethe, Dichter)

Die GEDANKENDOPING Erfolgspyramide

Das Abenteuer Pyramide

Level 1: Sprungbrett-Intensiv-Wochenend-Seminar

Über das Einstiegsseminar von Gedankendoping könnte man viel schreiben. Am besten ist, Sie schauen auf www.gedankendoping.de, was die über 7.000 Teilnehmer (Stand 2010) darüber sagen.

Es ist und bleibt das beliebteste und erfolgreichste Seminar für persönliche Weiterbildung im deutschsprachigen Raum.

Sicherlich ist ein Grund, dass es bis Ende 2010 nur 1 Euro kostet. Ab 2011 wird ein geringer Kostendämpfungsbeitrag erhoben. Dennoch bleibt das Seminar im Wert von 1.297 Euro so weit wie möglich offen für alle Interessierten, die einfach mal ein Wochenende „schnuppern" wollen, was es mit Erfolgsstrategien und Techniken so auf sich hat …

Sie sind uns immer willkommen.

Stimmen von Teilnehmern:
Danke für das wunderbarste Seminar meines Lebens in Köln. Meine Kopfschmerzen sind weg und es geht aufwärts. Wir sehen uns wieder. *Renate, Sprungbrettseminar*

Ich möchte mich ganz herzlich bei Ihnen bedanken. Eine Riesenlast, unter der ich seit Jahren litt, wurde mir von der Seele genommen. *Alfred, Sprungbrettseminar*

Lieber Simon Eugen, danke! Das ist genau das, was Deutschland braucht. Ist das schön, das es Sie gibt.

Birgit, Sprungbrettseminar

Nachdem ich überredet wurde, überhaupt hierher zu fahren, bin ich glücklich darüber, mich überreden gelassen zu haben. Danke ......

Maik, Sprungbrettseminar

Das Beste war, dass ich wenige Tage nach dem Seminar über eine Geschäftsidee „gestolpert" bin, die ich ohne Dich wahrscheinlich gar nicht wahrgenommen hätte. Es macht Spaß wieder Dinge zu bewegen, Erfolg zu haben. Das Seminar kann ich nur jedem ans Herz legen. Hier wird nicht die sonst oft übliche „Hurra- und Tschakamenatlität" gelebt, die nach wenigen Tagen wieder verpufft. Wer will, der kann etwas TUN, was ihm in seinem Leben viel bringt. Ich habe viel gefunden und meine Leben hat seit dem eine Wendung erhalten, die ich vorher nicht erwartet habe. Ich bin wieder im TUN und ich freue mich auf weitere Seminare.

Martin, Sprungbrettseminar

Es ist schon sehr verwunderlich, dass in unserer heutigen teuren Welt Du es mir ermöglicht hast, für nur 1.00 Euro Dein Gast zu sein. Aber nicht für diesen Preis sondern für den Seminarinhalt sage ich an dieser Stelle: DANKE! Traurig und ohne Kraft bin ich gekommen, gegangen bin ich aber losgelöst von meinen erfolgsverhindernden Entscheidungen, mit einer energiegeladenen Zuversicht und Leichtigkeit des Seins. Du hast mir die Augen geöffnet und mein Horizont hat sich bis zum Universum geöffnet. Bleib so wie du bist.

Damir, Sprungbrettseminar

Dieses Seminar war eines, das ich nach langer Investitionsabstinenz wieder für mich besuchte. Und der Anreiz war die Möglichkeit, kostenlos daran teilzunehmen. Es hat mir sehr viel gebracht, weil es mir wieder die Notwendigkeit der Achtsamkeit meiner eigenen Bedürfnisse und Wünsche sowie meiner eigenen Person vor Augen geführt hat. Begrenzungen sind mir selten so klar geworden und so leicht und angenehm aufgelöst worden. Ich kann MICH wieder als den wichtigsten Menschen in meinem Leben sehen und damit meine Zukunft selbstbestimmt angehen.
Vielen Dank! *Beatrice, Sprungbrettseminar*

Ich habe einige Erfahrung mit Seminaren in dieser Richtung und praktisch jeder Trainer will dir SEINE Wahrheit „aufdrücken". Du vermittelst unheimlich viel Wissen, viele Werkzeuge und zeigst in sehr plastischer Sprache die Anwendung. Dabei lässt Du jedem Teilnehmer offen, Dein Wissen für sich als richtig oder falsch anzunehmen. Du gibst „Flügel" für die Freiheit und lässt die Teilnehmer dann in ihre individuelle Richtung fliegen. Dafür danke ich Dir herzlich, ich habe viel gelernt.
Stefan, Sprungbrettseminar

... ich habe hier keine Heilsversprechen gehört, ich habe hier erfahren, wie ICH mein Leben heilen kann.
Sonja, Sprungbrettseminar

Das Seminar mit Eugen Simon war für mich eine echte Bereicherung. Vieles, was ich bisher unbewusst geahnt habe, ist jetzt ins Bewusstsein gerückt. Viele neue Werkzeuge, um mich, mein Sein zu erkennen, zu leben, habe ich kennenlernen dürfen. Begeistert hat mich die hohe Kompetenz von Herrn Simon, welchen ich jedem nur empfehlen kann. Danke dass ich hier sein durfte. Roland, Sprungbrettseminar

Sie wollen Ihr bisheriges Leben verändern? Erfolgreicher werden? Das versprechen Ihnen viele Veranstalter von Seminaren. Eugen Simon, ein Mann mit geballter Energie auf der Bühne, tut mehr für Sie – und mit Ihnen. Sie lernen nicht nur, Ihre Stärken und Schwächen kennen, nein – er führt Sie zu Ihren Visionen. Und darüber hinaus bringt er Sie dazu, Ihre Mission, Ihre Lebensaufgabe auf dieser Welt zu erkennen. Und Sie erhalten von ihm die Werkzeuge dazu, diese auch konsequent umsetzen zu können. Wertvoller kann ein Seminar nicht sein!
Wolf, Sprungbrettseminar

Auf diesem Seminar habe ich sehr pragmatische Werkzeuge kennengelernt, sofort und jederzeit einsetzbar, um gezielt eine Veränderung im Leben herbeizuführen.
Gedankendoping ist in der Tat eine progressive Weiterentwicklung schon vorhandener Mentaltrainings, jedoch weitaus erfrischender und was ich am besten finde: spirituelle Ansätze sind integriert! Das ist wirklich sehr, sehr wertvoll.
Es ist nicht das Gedankendoping der 5. oder 6. Generation, wie Eugen Simon immer sagt. Es ist schlicht das Gedankendoping der Zukunft!!
Endlich eine Methode zur Veränderung mit Leichtigkeit, spielerisch und inspirierend. Christine, Sprungbrettseminar

Das Gedankendoping Seminar ist das beste Seminar, das ich bisher in Deutschland besucht habe. Der Fokus liegt ganz klar im TUN. Auch die Gespräche mit den Teilnehmern sind inspirierend und dienen dazu, das eigene Kontaktnetzwerk zu erweitern. Die Übungen waren für mich neu und haben mir in mehreren Bereichen meines Lebens die Augen (mein Bewusstsein) geöffnet. Für jeden Selbständigen ist das Sprungbrett Seminar ein MUSS!!! *Leonhard, Sprungbrettseminar*

GEDANKENDOPING dopt wirklich – ohne sich strafbar zu machen, verändert alles – ohne Gewalt, gibt Mut und Power – ohne falschen Idolen nachzueifern, TUT EINFACH GUT – ohne Nebenwirkungen. *Angela, Sprungbrettseminar*

Ich bin 600 km nach Wien gekommen, um an einem Seminar teilzunehmen, das angeblich 1.00 Euro kostet. Was kann das schon wert sein! Habe ich mir gedacht. Es hat sich etwas verändert. Ich habe mich verändert! Ich bin noch immer der gleiche, doch ich habe wieder eine Vision und jeder hat die Kraft in sich, erfolgreich zu sein. NÜTZE DIE CHANCE!!!

Peter, Sprungbrettseminar

Das ist das beste Seminar, was in Deutschland angeboten wird, das in 2 Tagen all das, was wir für den Erfolg und Lebensglück benötigen, klar auf den Punkt bring. Eugen Simon ist mit seinem Wissen auf dem höchsten Wissenstand.

Petra, Sprungbrettseminar

Lieber Eugen, vielen Dank für die aufschlussreichen Seminartage. Ich bin als ‚Profi' hier her gekommen, um meine Batterien aufzuladen – was ich bekommen habe war aber keine Ladung, sondern ein komplett neuer Akku, voll aufgeladen und startklar. Meine Veränderungen, die ich zur Zeit gestalte, werden davon nicht nur unterstützt sondern gepuscht aufs höchste Niveau. Ich danke Dir für die beiden Tage. Und das für den Preis eines Butterbrotes! Was ich bekommen habe war aber ein hervorragender ‚Schweinsbraten'. Danke und alles Gute.

Werner, Sprungbrettseminar

Das Gedankendoping Seminar ist das beste Seminar, das ich bisher in Deutschland besucht habe. Der Fokus liegt ganz klar im TUN. Auch die Gespräche mit den Teilnehmern sind inspirierend und dienen dazu, das eigene Kontaktnetzwerk zu erweitern. Die Übungen waren für mich neu und haben mir in mehreren Bereichen meines Lebens die Augen geöffnet. Für jeden Selbständigen ist das Sprungbrett Seminar ein MUSS!!!

Leonhard, Sprungbrettseminar

Hallo Eugen, ich wollte Dir schon die ganze Zeit schreiben. Es haben sich ganz viele Dinge in meinem Leben zum positiven verändert nach dem Gedankendoping Seminar. Am bemerkenswertesten fand ich, dass mein Ex-Mann, mit dem ich seit 5 Jahren im Anwaltskrieg stehe, nun von sich aus den Kontakt wieder aufgenommen hat, damit wir auf einer sachlichen Ebene kommunizieren können. Für mich „magic".

Gruß, Eva-Lotta, Sprungbrettseminar

Viele weitere Stimmen (auch Video) finden Sie hier:
www.gedankendoping.de/stimmen

Level 2: Out of the Box

Der Einstieg ins Abenteuer Pyramide.
Mit diesem Level zu starten, macht Sinn, denn hier werden Sie stark gemacht. Nicht nur für den Prozess, auf den Sie sich mit Ihrer Entscheidung für die Pyramide eingelassen haben sondern für alle Herausforderungen in allen Lebensbereichen. In diesem Seminar lernen Sie achtsam mit sich (und anderen) umzugehen, Sie entdecken Ihr Potenzial, Ihre Liebenswürdigkeit, Ihr inneres Kind, Ihre Blockaden. Es ist eine intensive Woche, in der Ihr Selbstwertgefühl und Ihr SelbstBEWUSSTSEIN stark gefördert und ausgebildet wird. Ziel des Seminars ist es nicht nur, Ihnen den Spiegel (Ihrer Einzigartigkeit) vorzuhalten, sondern gemeinsam Alternativen zu entwickeln, die Sie von sich selbst überzeugen. Alternativen, die für SIE wirken. In diesen fünf Tagen werden Sie gefordert und immer wieder auch herausfordert, über Grenzen und auf andere Menschen zuzugehen. Das Level 2 Seminar verbindet Sie auf spielerische Art und Weise mit allen Ihren Ressourcen.

7 von vielen erstklassigen Dingen, die Sie auf dem Level 2 Seminar erleben und erfahren:

1. Sie erkennen Ihr wahres Potenzial und beginnen es auszuschöpfen
2. Sie entlassen Menschen aus Ihrem Leben, die Ihnen nicht gut tun – und laden gleichzeitig neue Menschen in Ihr Leben ein, die Ihnen sehr gut tun
3. Sie lernen mit Zurückweisung umzugehen und werden dadurch stark
4. Sie lernen, wie Sie in Harmonie und Ausgeglichenheit mit sich selbst Ihre Ziele verwirklichen

5. Sie bauen Selbstbewusstsein auf, so dass Sie Grenzen sprengen können
6. Sie lernen wie Sie Erfolg zu Ihrem ständigen Begleiter machen
7. Sie haben unglaublich viel Spaß mit vielen erkenntnisreichen Spielen

Stimmen von Teilnehmern:

Den Schatz, den ich mit nach Hause nehme, ist mehr wert als all das Geld. Ich nehme eine Leichtigkeit, Lebendigkeit, Zufriedenheit, Gefühl des Angenommenseins und Energie mit nach Hause, wie ich es noch nie erlebt habe. *Elfriede, Level 2*

Das Seminar war wie all deine Seminare einfach nur genial! Die positive Energie, der tolle und ergiebige Austausch auch mit den anderen Teilnehmern ist unglaublich und einzigartig. Hier wurden mir tatsächlich der Weg und die Mittel gezeigt aus meiner Box auszubrechen und den Weg zurück zu mir und meinem Selbst zu finden. *Alexandra, Level 2*

Das was ich hier erleben durfte, das was sich alles in mir in dieser kurzen Zeit maßgeblich verändert hat, ist niemals in Worte zu fassen, geschweige denn in Geld aufzuwiegen.

Reimund, Level 2

Ich bin hier her gekommen, um zu mir selbst zu kommen und bin bei mir angekommen. Ich habe Menschen getroffen, bei denen ich mich wieder mir öffnen konnte. Ich habe meinen Wert und meine Einzigartigkeit gefunden und erkannt, was mich mein Wunsch nach Perfektionismus gekostet hat und wie ich das zukünftig verhindere. *Ursula, Level 2*

Die wichtigste Erfahrung meines Lebens. Ich kam bereits stark und glücklich in das „Out-of-the-box" Seminar. Jetzt, nach den 5 Tagen bin ich nicht nur befreit und noch mehr gestärkt, ich bin ein Teil einer wunderbaren Gruppe, die mich so liebevoll und herzlich aufgenommen und angenommen haben. Ich habe einen Quantensprung zu mir selbst gemacht und bin voller Vorfreude mein Leben so Fortzusetzen. Danke für alle Werkzeuge und Deinen Einsatz. *Claudia, Level 2*

Lieber Eugen, Dein Seminar war wirklich einzigartig und großartig! Seit mehr als 30 Jahren besuche ich regelmäßig viele Seminare. Es gibt nur sehr wenige, die man in die gleiche Kategorie einstufen kann. Ich habe großen Respekt für Deine Idee und auch für die besonders liebevolle Durchführung. Es hat mir neue Erkenntnisse und Inspirationen gebracht. Von der Langzeitwirkung werde ich Dir berichten. Ganz herzlichen Dank.
Winfried, Level 2

Out of the box, ja, dieser Seminarname ist so passend. Ich kam mir wie eine kleine lauernde Person in der Kiste vor. Je mehr Erfolge ich aufgeschrieben habe, desto höher kletterte ich hinaus, bis ich oben angekommen war und zur Erkenntnis kam, dass die ganze Welt, ja sogar das ganze Universum MIR gehört. Einfach das supergute Gefühl, stark, wertvoll und einzigartig zu sein. *Anita, Level 2*

Ich bin ohne Erwartungen gekommen und reich beschenkt nach Hause gefahren. Danke, lieber Eugen, das war eine ANDERE Dimension. *Edith, Level 2*

Level 3: Kurzer Prozess

Die besten Konzepte, Strategien und Techniken für erfolgreiche Veränderungsarbeit
In Level 3 erwartet Sie nicht nur eine hochqualifizierte NLP-Grundausbildung mit sehr viel Lernstoff und jeder Menge Handwerkszeug für professionelles Coaching mit NLP-Elementen sondern zugleich Anwendungen, die Sie bei entsprechender Übung zu charismatischen Meistern erfolgreichen Umgangs mit sich selbst und anderen machen.
Man könnte es auch nennen: Erfolgstechniken auf den Punkt gebracht oder, wie der Titel schon sagt „Kurzer Prozess". Die Mischung aus theoretischem Wissen und praktischen Übungen ist sehr ausgewogen. Das Erlernte wird immer gleich in Kleingruppen geübt, um dabei herauszufinden, welche der aufgezeigten Techniken zu Ihnen passt und um es schnellstmöglich in Ihrem Verhalten zu verankern. Denn die beste Technik nutzt nichts, wenn Sie diese im „Ernstfall" nicht auch effektiv einzusetzen vermögen. Durch die sehr praxisnahe Ausrichtung des Seminars werden Sie bereits am ersten Tag erstaunliche Erfolge feiern. Diese Woche erfordert Ihre ganze Konzentration, denn sie ist vollgepackt mit exzellentem Wissen. Dazu kommt die Möglichkeit einen Test zum NLP-Practitioner sowie zum Gedankendoping Coach zu machen (kostenlos und nicht verpflichtend).

7 von vielen erstklassigen Dingen, die Sie in Level 3 erleben und erfahren:

1. Sie werden viel über Kommunikation und Gesprächsführung lernen und wie Sie jederzeit mit nahezu jedem Menschen „in Einklang" kommen können
2. Sie werden lernen, „erfolgsverhindernde" Glaubenssätze hinter sich zu lassen
3. Sie haben die Möglichkeit, in vielen praktischen Übungen, das Gelernte gleich umzusetzen
4. Sie werden lernen Verhaltensänderungen bei sich und anderen tief im Unterbewusstsein zu verankern
5. In den Übungseinheiten wird Ihnen klar werden, wie viel unbewusstes Wissen und unbewusste Kompetenz bereits in Ihnen ist
6. Sie werden lernen, wie Sie jederzeit in eine positive Verfassung kommen
7. Sie haben die Möglichkeit, kostenlos eine Prüfung zum NLP-Practitioner und Gedankendoping-Coach zu absolvieren.

Stimmen von Teilnehmern:

Auf dieses Seminar habe ich lange gewartet. Es hat mir viele Fragen beantwortet und dazu zahlreiche Werkzeuge in Theorie und vor allem Praxis an die Hand gegeben. Genau die Werkzeuge, die ich benötige.
Dazu war die Präsentation äußerst professionell und mit viel Wissen aber auch unermütlichen Unterstützung für alle Teilnehmer. *Anja, Level 3*

Wenn der Schüler bereit ist erscheint der Lehrer. Deine Techniken haben mir wieder Lust gemacht Menschen zu entdecken und das Führen (das für mich immer der größte Kick ist) meiner Mitarbeiter auf die nächste Ebene zu heben. Du hast bei mir am rauen Stein wieder ein paar Ecken abgehauen.

Robert, Level 3

Ein Seminar der Spitzenklasse absolut! Schier unendliche Informationen, die mich weiterbringen. Mein wesentliches Ziel ist erreicht. Ich kenne die entscheidenden Techniken und deren Ablauf. Spitze! Ich nehme „tonnenweise" mit: Power, Fokus, Leading-Spirit. Leichtigkeit, Effizienz. Geniales Handwerkzeug. Wissen en bloc, „en tons".

Winfried, Level 3

Rasantes Tempo, toller Inhalt und eine Fülle an Tools und Möglichkeiten fürs Coaching. Danke für eine Woche, die mich wieder ein Stück zu mir und in Fülle gebracht hat.

Michaela, Level 3

In diesem Prozess bin ich innerhalb kürzester Zeit an meine Kernpotentiale gekommen auf dem Weg erkennend, wie ich mich von meinem Potential abhalten ließ und habe sogar einen Plan bekommen, wie ich selbstverantwortlich auf meinem Weg flexibel auf mein Ziel zugehen kann. Ich habe Werkzeuge bekommen, mit denen ich kinderleicht zu meinen Ressourcen gelange und diese aktivieren kann.
Mit wertvollen Ankern ausgestattet mache ich mich auf meinen Weg mich selbst und viele Menschen zu bereichern.
Herzlichen Dank, Eugen
Wolfram
P.S. Danke für die goldene Sonne

Wolfram, Level 3

Es ist erstaunlich wie viel man aufnehmen, lernen und durch tun festigen kann,wenn man zu beschäftigt ist, sich daran zu erinnern, dass man es nicht kann. Ich habe die Werkzeuge, um Hindernisse auf meinem Weg auszuräumen und werde auch anderen dabei helfen. Während des Seminars ist mir etwas verlorengegangen: meine Ausreden. *Michael, Level 3*

Gefallen hat mir der von Tag zu Tag wachsende Teamspirit, die von Seminarinhalt zu Seminarinhalt wachsende Verknüpfung meiner selbst. Der Spaß und die Freude beim Anwenden sowie die Nutzungsmöglichkeiten, die sich ins Unendliche auffächern. Mein Bewusstsein meiner Fähigkeiten hat sich stark ins Positive verschoben, der Rapport zum Lebenspartner noch mehr verstärkt. Meine Blickwinkel haben sich dupliziert.

Melanie, Level 3

Organisation und Lehrinhalte sehr gut. Das Ziel, für mich und meine Klienten Erfahrungen und Vorgehensweisen bezüglich Änderung von Einstellungen, Zielen zu generieren, wurde voll erfüllt. Die Art des Vortrages sowohl inhaltlich als auch hinsichtlich der Art und Weise wie es „rüberkam" war bestechend. Ich habe eindeutig profitiert und freue mich auf das Anschlussseminar. *Alexander, Level 3*

Level 4: Der doppelte Millionär. Innerer und äußerer Reichtum.

Das Sprungbrett in Ihren (finanziellen) Erfolg.
Ziel des Seminars ist es Ihren internen Reichtumspegel neu zu definieren und ihr Verhalten daran anzupassen. Nur wer innerlich reich ist, wird auch äußeren Reichtum erlangen. Nur wer innerlich frei ist, wird die limitierenden Überzeugungen seiner Erziehung und Konditionierung gegenüber Geld und Finanzen ablegen und Geld als das ansehen, was es ist: ein Werkzeug – aber ein Werkzeug, dessen Gebrauch man lernen und verstehen kann und sollte. In diesem Seminar werden sehr viele Erfolgsmodelle vorgestellt, die Sie sowohl für Ihr eigenes Business umsetzen können als dafür, sich ein weiteres so wichtiges finanzielles Standbein zu schaffen. Sie bekommen nicht nur die effektivsten Tipps und Anregungen, wir zeigen Ihnen auch genau, wie Sie diese exakt für IHRE Ziele modellieren können. Ein MUSS für jeden Selbstständigen und jeden, der sich aus der Abhängigkeit eines Arbeitgebers befreien will.

7 von vielen erstklassigen Dingen, die Sie in Level 4 erleben und erfahren:

1. Sie werden sich über Ihre (finanziellen) Defizite bewusst und beseitigen sie
2. Sie erkennen klar, wofür Sie Ihr Geld ausgeben und warum es nie genug ist, wenn Sie nicht eine ganz bestimmte Veränderung vornehmen
3. Sie schaffen den Start in eine vielleicht schon lang ersehn-

te Selbstständigkeit oder den Impuls für einen beruflichen Wechsel
4. Sie bekommen exklusiven Einblick in die cleversten Erfolgsmodelle und lernen diese für IHR Geschäft zu modellieren
5. Sie knüpfen viele wertvolle Kontakte und lernen erfolgREICHE Netzwerke und Mastermindgruppen aufzubauen
6. Sie transformieren Ihr Leben zu innerem und äußerem Reichtum
7. Sie lernen wie heute bereits Kinder und Jugendliche finanziell unabhängig werden und wie Sie es auch Ihren Kindern beibringen

Stimmen von Teilnehmern:

Ich kam als „öffentliche Angestellte" und gehe als Millionärin aus diesem Seminar. Ich schloss Freundschaften fürs Leben, erkannte mein Potenzial und kenne nun meine Richtung. Du hast eine unglaubliche Gabe, die jeden dahin führt, wo er hingehört: nach oben und nach vorne. *Kornelia, Level 4*

Ich war zum richtigen Zeitpunkt am richtigen Ort. Mir wurde klar, wieviele ungenutzte Ressourcen ich habe und wieviele Möglichkeiten mir zur Verfügung stehen. Einfach wunderbar! Meine Ziele habe ich erreicht. Mehr als das, sie wurden weit übertroffen. Es war das beste Seminar, das ich jemals besucht habe. *Regine, Level 4*

Ich habe gelernt, dass es im Spiel des Lebens keine Konkurrenten gibt sondern nur Mitspieler, von denen ich auch etwas lernen kann. Im Verlauf der Woche haben sich „Super-Ideen" gezeigt, auf die ich so wahrscheinlich nicht gekommen wäre. Ich denke, das war die Intensität des Seminars, um Ideen zu produzieren. Das Seminar und die Erkenntnisse sind mit Geld nicht zu bezahlen. *Marco, Level 4*

Für mich war der „Doppelte Millionär" ein voller Erfolg, der sich bereits während des Seminars durch Anfragen von Kunden und Interessenten einstellte. Während dieser Woche habe ich mehr Geld verdient als in den sechs Wochen vor dem Seminar. Und zwar OHNE ZU ARBEITEN! *Thomas, Level 4*

Am 27.03. war mein letzter Arbeitstag, weil ich aus dem Hamsterrad raus wollte. Am 28.03. bin ich gesprungen, so tief, wie noch nie in meinem Leben. Am 30.03. begann das Seminar und am 3.4.09 habe ich, der immer Einzelkämpfer war, im Netzwerk von neun wunderbaren Seminar-Kollegen an einem Millionengeschäft teilhaben dürfen. Das Geld, das ich investiert habe, ist die rendite-stärkste Anlage meines Lebens.

Günther, Level 4

Ich habe meine Geschäftsidee auf innovative Weise weiterentwickelt. Aber noch wichtiger ist, dass ich erkannt habe, dass ich mein Tempo bei der Umsetzung drosseln muss, um mehr Genuss auf meinem Weg zu haben. Und 2010 verdopple ich meinen Gewinn, wenn ich Lust darauf habe! *Anja, Level 4*

Was für eine Woche, was für ein Durchbruch! Ohne Idee, was mich hier erwartet kam ich an, wusste eigentlich gar nicht, was ich wollte. Meine Vorstellungen über Geld und Reichtum wurden in einem Maße „bereichert", dass ich durchgestartet bin. Im Spiel am Mittwoch war ich das erste Mal in meinem Leben in der Lage richtig erfolgreich etwas zu verkaufen. Und warum? Weil ich erkannt und gelernt habe, wie und warum ich es tue. Am Freitag dann hatte ich MEINE Millionenidee fix und fertig. Mehr kann man nicht verlangen. Es war einfach nur großartig.

Heidi, Level 4

Eine der ereignisreichsten Wochen meines Lebens. Ich habe unglaublich viel gelernt in dieser tollen Atmosphäre mit so vielen engagierten „Millionären". Besonders der Austausch von Ideen war von Beginn an beispiellos. Schon am ersten Tag habe ich nicht eine sondern zwei geniale Ideen bekommen und bin unter Eugens Führung und mit seinen Tipps ausgerüstet sofort an die Umsetzung gegangen. Am Freitag war praktisch das gesamte Geschäft schon organisiert. Ich habe in den fünf Tagen auf dem Seminar mehr Reichtum für mich geschaffen als in den letzten fünf Jahren zusammengenommen.

Markus, Level 4

Ich bin eher skeptisch zu diesem Seminar gekommen, weil ich mir kaum vorstellen konnte, in so kurzer Zeit zum Millionär zu werden. Damit hatte ich auch Recht. Allerdings habe ich hier erstaunlich viele handfeste Geschäftsmodelle kennen gelernt, die dafür sorgen werden, dass der Schritt zum Millionär jetzt kürzer ist. Den größten Nutzen hat mir jedoch die von Eugen hochkonzentriert angeleitete Gruppe der Teilnehmer gebracht. Die Partnerschaften, die hier geknüpft wurden, sind die beste Zukunftsanlage der Welt.

Karin, Level 4

Level 5: Lebensdesign – Mit Klarheit ans Ziel

Das Glück, den eigenen Lebensweg zu erkennen.
In diesem Seminar setzen Sie sich mit Ihrem bisherigen, aktuellen und zukünftigen Leben auseinander und finden Ihren inneren Kompass, der Sie zum Ziel geleitet. Hier werden die ganz hartnäckigen Blockaden aufgelöst, wodurch Sie Ihrer Vision nicht nur näher kommen sondern (vielfach erstmals) erkennen, was die tatsächliche Bestimmung Ihres Lebens ist.
Dieses Drei-Tage-Seminar bringt Sie in Kontakt mit Ihren ureigensten Wünschen und Ihrem wahren Lebensziel, Ihrem tatsächlichen Lebensinhalt. Sie werden erkennen, was wirklich wichtig ist für Sie und damit eine nie gekannte Klarheit erzielen.
Und wie Sie Ihre Vision finden, bzw. Ihre Vision Sie, allein das ist ein großer Spaß.

7 von vielen erstklassigen Dingen, die Sie in Level 5 erleben und erfahren:

1. Sie erarbeiten Ihre eigene „Landkarte" für Ihren weiteren beruflichen und/oder persönlichen Weg zum Erfolg
2. Sie definieren erste Schritte auf diesem Weg und gehen diese
3. Sie lernen wie Sie effektiv mit Hindernissen auf dem Weg umgehen
4. Sie finden heraus, was Sie bisher von Ihrem Lebensziel abgehalten hat
5. Sie finden Ihren „Buddy", der Sie auch nach dem Seminar beim Realisieren Ihrer Ziele begleitet. Und umgekehrt.

6. Sie spüren viel positive und unterstützende Energie mit den anderen Teilnehmern
7. Sie lernen, sich über Ihre Blockaden hinwegzusetzen

Stimmen von Teilnehmern:

Es war fantastisch! Ich habe so viele neue Erkenntnisse und vor allem viele, viele neue Handlungsschritte bekommen. Das Ziel auf dem Seminar für mich persönlich war, genau zu wissen, was ich will und wie ich es genau umsetzen muss. All dies habe ich erreicht. *Jochen, Level 5*

Die Atmosphäre und Gruppendynamik bekommt man nicht hin im eigenen Kämmerlein mit irgendeinem Arbeitsbuch. Die eigenen Ideen werden immer wieder einer Prüfung unterzogen und vervollkommnet werden. Eine sehr gute Investition in mich selbst. *Martina, Level 5*

Der Titel „Mit Klarheit ans Ziel" drückt alles aus. Spielerisch leicht ergibt sich das, was man wirklich will.
Karl-Heinz, Level 5

Die Erwartungen, die ich an das Seminar hatte, wurden wieder einmal astronomisch übertroffen. Eugen, dank Deiner Führung steht meine Bestimmung in klarem Licht vor mir. Ich weiß nicht nur, was meine Bestimmung ist, sondern viel wichtiger für mich, wie ich diese erfülle. Ich habe gelernt auf mich zu vertrauen in Bewegung zu bleiben und anzunehmen.
Angelika, Level 5

Lieber Eugen, es ist ein so großes Geschenk, dass Du uns mit Deinem Seminar schenkst. Ich bin so dankbar, dass ich nun meinen Weg, den ich seit zwei Jahren erst suche, gefunden habe und auch weiß, wie ich diesen und mit welchen Handwerkzeugen ich diesen modellieren kann. Die vielen lieben Menschen, denen Du hier eine Plattform bietest, sind die reinste Fülle für mein Leben. *Anita, Level 5*

Beeindruckend wie prägnant und in welcher kurzen Zeit ich meine innere Einstellung zum Leben verändern und dadurch mehr Freude und Leichtigkeit erfahren konnte.
Alexander, Level 5

Dieses Seminar war die tiefgreifendste Erfahrung für mich seit vielen Jahren. Zu wissen, was ich wirklich will, was meine Bestimmung, meine Vision und meine Mission ist, kann ich nur mit dem Entdecken eines großen Schatzes vergleichen. Herzlich Dank für dieses Geschenk! *Bernd, Level 5*

Das magische Lebensgefühl als beständiger Zustand, das ist ein Lebensziel. Über das Seminar Lebensdesign habe ich meine Vision gefunden, die mir dieses „magische Lebensgefühl" vermittelt. Und es trägt mich von jetzt an. *Hermine, Level 5*

Level 6: Leadership² – Gedankendoping Coach II

Endspurt auf dem Weg in eine neue Lebensqualität.
Wenn Sie die drei intensiven Seminartage des Leadership² hinter sich haben, werden Sie eine entscheidende Veränderung an sich erkennen. Sie werden andere Menschen anziehen und erfahren wie andere Menschen Ihre Nähe suchen. Einfach dadurch, dass Sie gelernt haben, zuerst einmal sich selbst und dadurch andere Menschen zu führen. Alle großen Veränderer, egal ob sie Mandela oder Branson heißen, wissen, dass Sie (viele) andere Menschen für das Erreichen ihrer großen Ziele benötigen. In diesem Seminar lernen Sie nicht nur Ihre Werte kennen – den Treibstoff Ihres Handelns – und was Ihnen im beruflichen und privaten Leben wichtig ist, sie lernen ebenfalls, wie Sie damit andere Menschen inspirieren, motivieren und in Ihr Team holen. Ein Team mit dem Sie weitaus effektiver und schneller Ihre Ziele erreichen, als es Ihnen alleine möglich wäre.
Interessenten machen hier einen Test zum GEDANKENDOPING Coach II (kostenlos und nicht verpflichtend).

7 von vielen erstklassigen Dingen, die Sie in Level 6 erleben und erfahren:

1. Sie lernen, wie Sie sich selbst immer wieder in einen positiven „State" versetzen können – und damit als Vorbild Ihr Team mitziehen
2. Sie erfahren, dass Führen viel mit Vertrauen zu tun hat und in erster Linie damit, sich selbst gut zu führen
3. Sie erkennen, was effektive, zielorientierte Leadership eigentlich bedeutet und wie sie funktioniert

4. Sie vertiefen das, was Sie in Level 3 gelernt haben, um ein noch besserer Coach zu werden – für sich selbst und andere
5. Sie lernen wie Sie Einflusszentren erkennen, steuern und selbst aufbauen
6. Sie finden und gründen eine Mastermindgruppe, um sich gegenseitig zu unterstützen
7. Sie lernen Ihr höchsteigenes Charisma zu entwickeln und Ihr Team damit auf Erfolgskurs zu setzen

Stimmen von Teilnehmern:

Wo soll ich nur beginnen? Ich gehe mit so vielen neuen Fähigkeiten, Techniken, Erkenntnissen, Visionen und konkreten Plänen für die nächsten Schritte. Für mich war es das wertvollste Seminar, das ich jemals gemacht habe. *Hermann, Level 6*

Ich habe auch noch die Techniken bekommen, wie ich die Menschen besser verstehen und führen kann – und das auch noch mit phantastischen Übungen, die ich sofort in die Praxis umsetzen kann. Jetzt wird's einfach! *Bozena, Level 6*

Du hast mir auf dem Seminar DAS vermittelt, was mir bislang immer wieder zum persönlichen Erfolge gefehlt hat. Fakten, Wissen, Hinweise liefern einige Seminarveranstalter mehr oder weniger kompetent – doch ein hoher Prozentsatz liefert nur „Nachgeahmtes". Du lieferst das ORIGINAL, weil Du das Original bist, verkörperst und lebst. Einfach genial!

Gerd, Level 6

Begonnen mit einer gewissen Skepsis, mein erstes Seminar Gekommen bin ich mit einer sehr offenen Erwartungshaltung und kann jetzt sagen, es hat sich gelohnt. Ich habe viele Dinge über mich erfahren, die – und das ist für mich wichtig – logisch und plausibel sind. Ich habe auch sehr direkte Learnings und Techniken erhalten, die mir beruflich beim Führen von Teams und Mitarbeiten helfen, besser und erfolgreicher zu sein.

Stefan, Level 6

Ich habe viel über mich gelernt und das Wochenende sehr gut für mich genutzt. Es gab sehr viele Eindrücke und neue Erfahrungen. Neue Techniken habe ich gelernt und getestet. Mich und mein Leben habe ich intensiv hinterfragt und geprüft, wo ich das Erlernte anwenden kann. Auch Gewissheit konnte ich finden und Zuversicht. Dass das, was ich tue, richtig ist. Ein sehr spannendes Wochenende. Vielen Dank!

Christine, Level 6

Lieber Eugen, vielen Dank für die vielen neuen Erkenntnisse und Werkzeuge, um ins konkrete Tun zu kommen. Du hast die Gruppe souverän und gekonnt auf das nächste Level geführt. Ich fühle mich wiederholt durch verbessertes und gesichertes Statemanagement gewappnet für die nächsten großen Aufgaben.

Bernhard, Level 6

Als Leiterin von Teams mit über 30-jähriger Berufserfahrung war ich erstaunt, wie viel ich hier gelernt habe. Die Tiefe und trotzdem sehr praxisnahe Anwendbarkeit des Clare Graves Wertemodells ist ein enormer Vorteil nicht nur in meinem beruflichen Umfeld.

Für mich war es das wertvollste Führungsseminar, das ich je besucht habe, eine großartige Investition mit nachhaltigem Gewinn für mein gesamtes Leben. *Angelika, Level 6*

Ein großartiges Seminar mit einem großartigen Seminarleiter und großartigen Teilnehmern. Trotz all dieser Superlative muss ich noch einen „draufsetzen". Die Erkenntnisse des „Mausefallenspiels" sind mit Geld kaum zu bezahlen. Was wir alle dort gemeinsam erleben durften, hat sicherlich große (oder sollte ich wieder schreiben GROSSARTIGE?) Auswirkungen auf unseren persönlichen Führungsstil und wie wir uns selbst und Menschen, die wir leiten dürfen tatsächlich effektiv leiten. Dieses Seminar kann ich allen Selbstständigen nur wärmstens empfehlen. Es bringt mehr als ein Businessstudiengang in Harvard. *Simone, Level 6*

Level 7: Mysterytour

Das Ende Ihrer Pyramide ist der Anfang Ihres neuen Lebens. Dazu nur soviel: Schauen Sie den Titel an und dann wissen Sie es: It's a mystery. Lassen Sie sich drauf ein. Auf die Tour und auf die Begegnung mit sich selbst. Draußen, im australischen Outback. Auf den Spuren der Aboriginals, auf den Spuren Ihrer selbst. In der Natur. In der Gemeinschaft mit anderen gleichgesinnten. Am Lagerfeuer und beim Durchstreifen von Flusstälern. Die ausgewählte Umgebung ist prädestiniert dafür, Altes erfolgsverhinderndes hinter sich zu lassen und sich mit dem eigenen „spirit" zu verbünden und zu verbinden – an einem ganz bestimmten einmaligen Ort …

Als neuer Mensch werden Sie nach Hause zurückkehren. Trauen Sie sich – und lassen Sie sich überraschen.

7 von vielen erstklassigen Dingen, die Sie in Level 7 erleben und erfahren:

1. Sie begegnen sich selbst in einer bis dahin nie gekannten Weise
2. Sie erfahren, was es heißt, sich in Ausnahmesituationen gegenseitig zu unterstützen und zu helfen
3. Sie machen eine lebensverändernde Erfahrung
4. Sie beginnen Ihr neues Leben am anderen Ende der Welt
5. Sie bekommen eine andere Sicht über die Schönheit und die Weite der Natur
6. Sie lernen es, das Wesentliche vom Unwesentlichen zu unterscheiden
7. Sie lernen es, in Ihrem (künftigen!) Leben gelassener zu sein

Stimmen von Teilnehmern:

Ich hatte noch nie ein solches Erlebnis wie hier. Ich war wirklich bei mir und habe Energie an Stellen gespürt, was ich noch nie so in dieser Art gespürt habe. Ich kann sehr viel mit nach Hause nehmen, habe das Innere erkannt, und am Ende, so dreckig ich außen war, so sauber bin ich jetzt doch innen.

Florian, Mystery Tour

Die Mystery Tour brachte mir ganz viele Gelegenheiten in mich zu gehen. Es war wirklich ein bei mir ankommen. Ich konnte von der äußeren Natur meine innere Landschaft finden und ganz viel Zuversicht schöpfen, meinen Weg weiterzugehen.

Maria, Mystery Tour

Ein großartiges Erlebnis und eine wunderbare Erfahrung. Ich habe hier einen Weg gefunden, vielen, vielen alten Ballast abzuwerfen. Es war einfach nur unglaublich.
Wir haben Sachen gesehen, die wir sonst nie gesehen hätten und Ich habe dabei den größten Schritt zu mir selber gemacht.

Traudl, Mystery Tour

In meinem Leben bin ich schon in viele Länder gereist und habe viel erlebt. Beruflich wie privat. Die Mystery Tour ist mit keiner dieser Reisen zu vergleichen. Sie hat mir ganz andere Erlebnisse und Erkenntnisse gebracht. Reicher, vollständiger, einfach anders. Ich weiß, ich darf oder soll hier nicht verraten, was wir alles gemacht haben, an welchen Orten wir waren. Für mich waren sie pure Magie und Energie. Es war ein tiefgehendes Erlebnis, das ich als einen der größten Schätze bis an mein Lebensende bewahren werde. *Günter, Mystery Tour*

7 Fragen rund um alles, was Sie sonst noch über die Pyramide wissen möchten – und sollten:

1. Muss ich die Pyramide in der angegebenen Reihenfolge machen?
Das ist eine Frage, auf die es keine Pauschalantwort gibt. Wir haben Absolventen, die haben es in der Reihenfolge von 2 bis 7 gemacht – und es war genau richtig und stimmig für sie. Andere haben es querbeet gemacht – und auch das war in Ordnung. Es hängt stark davon ab, wo Sie selbst gerade stehen, und was Sie zu Beginn dieses Prozesses am dringendsten brauchen. Sprechen Sie mit den Seminarberatern darüber und finden Sie gemeinsam mit ihnen IHRE Antwort.

2. Wie lange kann ich mir Zeit lassen, die Pyramide zu absolvieren?
Ab dem Buchungsdatum haben Sie zwei Jahre Zeit, die Pyramide zu absolvieren. Das ist viel mehr Zeit, als Sie tatsächlich brauchen. Deshalb gibt es auch auf diese Frage keine Pauschalantwort – Sie können sie nur für sich beantworten. Sind Sie z.B. selbstständig und bereit, dranzubleiben, dann können Sie es gut innerhalb von einem Jahr schaffen. Sind Sie in einem Angestelltenverhältnis ist es wahrscheinlich schwierig, so viel Urlaub zu bekommen. Schauen Sie, wie es für Sie passt, aber lassen Sie nicht allzuviel Zeit dazwischen. Bleiben Sie in dieser Zwischenzeit dran. Mit dem Gedankendoping ResultatsCoaching, den Gedankendoping Selbstdenker-Clubs, Büchern, Hörbüchern etc. – es ist Ihr Weg, und Sie allein sind dafür verantwortlich.

3. Was ist, wenn ich mittendrin eine Pause benötige?

Es kann gut sein, dass Sie zwischendurch einen „Durchhänger" haben. Das ist nicht ungewöhnlich, wenn man sich auf so einen intensiven, lebensverändernden Prozess einlässt. Sehen Sie diesen Wunsch als Zeichen dafür, dass Sie wahrscheinlich kurz vor einem weiteren Durchbruch stehen. Eins ist klar: Wenn Sie wachsen wollen, müssen Sie da durch. Tauschen Sie sich mit Gleichgesinnten aus, suchen Sie das Gespräch und den Kontakt mit anderen Pyramidenabsolventen. Und selbstverständlich ist Ihr persönlicher Coach immer da, um Sie bei der Überwindung von Hindernissen zu unterstützen.

4. Welche zusätzlichen Kosten gibt es?

Eine Frage, die uns immer wieder gestellt wird. Was bei jedem Seminar an Kosten noch dazu kommt, sind Ihre Anreise- und Hotelkosten. Wie hoch die sind, können Sie natürlich selbst steuern. In jeder Stadt gibt es z.B. Privatunterkünfte, die meist erheblich günstiger sind, als Hotels. Sie können diese rechtzeitig über das Internet buchen und dadurch Geld sparen. Das gleiche gilt für Reisekosten. Wenn Ihre Seminartermine und Teilnahme feststehen, und Sie nicht mit dem Auto anreisen, können Sie z.B. rechtzeitig die Züge buchen – und Frühbucher-rabatte etc. nutzen. Auch was Verpflegung angeht, ist es sehr individuell. Auf allen Seminaren bieten wir während der Vormittags- und Nachmittagspause eine reichhaltige Auswahl an gesunden Snacks und Obst an, die den einen Teilnehmern vollkommen genügt, anderen wiederum nicht (auf dem Level 4 Seminar gibt es zusätzlich ein Mittagsbuffet – auf der Mystery Tour ist die komplette Verpflegung enthalten).

5. Gibt es Rabatt wenn ich mit meinem Partner/Partnerin zusammen buche?
Auch hier bieten wir Spezialangebote. Bitte sprechen Sie mit Ihrem Seminarberater.

6. Kann ich die Pyramide Seminar für Seminar bezahlen oder muss alles im Voraus bezahlt sein?
Die Pyramide können Sie nur „im Paket", also komplett buchen. Sie müssen nicht alles auf einmal bezahlen, sondern können unser Angebot der Ratenzahlung in Anspruch nehmen. Dann bezahlen Sie einen definierten Betrag an und der Rest wird in zehn Monatsraten jeweils zum 1. des Monats von Ihrem Konto abgebucht. Der Vorteil der Vollzahlung gegenüber der Ratenzahlung ist eine Preisersparnis von etwa 10%. Viele Teilnehmer buchen die Pyramide getreu dem Motto „Pay once, cry once", d.h. Sie bezahlen auf einmal und können sich von dem Moment an voll auf die Inhalte konzentrieren – und sich so auf jeden weiteren Schritt freuen. Ohne einen Gedanken an Kosten. Bei Ratenzahlung muss jedes Seminar vor dem Besuch komplett bezahlt sein. Die Anzahlung wird auf das letzte Seminar vorgetragen.

7. Was passiert, wenn ich die Prüfung nicht bestehe?
Die Prüfung im Anschluss an Level 3 ist nur für die Teilnehmer wichtig, die GEDANKENDOPING-Coach werden möchten. Denn das Bestehen dieser Prüfung ist die Voraussetzung dafür. Alle anderen können das „just for fun" machen, um zu sehen, wo sie stehen, da die Prüfung ist ein sehr guter Gradmesser für das eigene Wissen ist.

Sind Sie bereit für die Pyramide? Dieser Test gibt Ihnen die Antwort darauf.

Gibt es Dinge in Ihrem Leben, die Sie UNBEDINGT verändern möchten?

☐ Ja ☐ Nein ☐ Weiß nicht

Haben Sie manchmal das Gefühl, dass viel mehr in Ihnen steckt als das, was Sie momentan oder schon seit Langem, leben?

☐ Ja ☐ Nein ☐ Weiß nicht

Können Sie sich so lieben und annehmen, wie Sie sind?

☐ Ja ☐ Nein ☐ Weiß nicht

Sind Sie bereit, auch Ihre „Schattenseiten" anzuschauen?

☐ Ja ☐ Nein ☐ Weiß nicht

Hatten Sie schon einmal das Gefühl, dass Sie vielleicht gar nicht IHR Leben leben, sondern die Wünsche von jemand anderem?

☐ Ja ☐ Nein ☐ Weiß nicht

Haben Sie für sich klare Ziele definiert, die Sie in Ihrem Leben oder in absehbarer Zeit erreichen möchten?

☐ Ja ☐ Nein ☐ Weiß nicht

Wissen Sie, weshalb Sie auf dieser Welt sind?

☐ Ja ☐ Nein ☐ Weiß nicht

Haben Sie manchmal den Wunsch, alles hinter sich zu lassen?

☐ Ja ☐ Nein ☐ Weiß nicht

Gehen Sie gerne, auch in ungewöhnlichen Situationen, auf Menschen zu?

☐ Ja ☐ Nein ☐ Weiß nicht

Möchten Sie gerne in einer inspirierenden Community wachsen und sich weiterentwickeln?

☐ Ja ☐ Nein ☐ Weiß nicht

Möchten Sie Ihre wahre Größe entdecken und leben?

☐ Ja ☐ Nein ☐ Weiß nicht

Haben Sie manchmal das Gefühl, auf der Stelle zu treten und nicht weiter zu kommen?

☐ Ja ☐ Nein ☐ Weiß nicht

Gibt es zu wenig Menschen in Ihrem Umfeld, die Sie inspirieren und mit denen Sie sich regelmäßig austauschen?

☐ Ja ☐ Nein ☐ Weiß nicht

Möchten Sie „erfolgsfördernde" Angewohnheiten oder Rituale regelmäßig durchführen?

☐ Ja ☐ Nein ☐ Weiß nicht

Haben Sie den Mut, Ihre Grenzen zu überwinden?

☐ Ja ☐ Nein ☐ Weiß nicht

Möchten Sie Ihr Selbstvertrauen und Ihre Selbstannahme verstärken?

☐ Ja ☐ Nein ☐ Weiß nicht

Sind Sie bereit, Ihren inneren Schweinehund in die Wüste (oder vielleicht ins Outback zu schicken?)

☐ Ja ☐ Nein ☐ Weiß nicht

Haben Sie eine Idee, weshalb Sie gerade JETZT diese Informationen zur Hand nehmen?

☐ Ja ☐ Nein ☐ Weiß nicht

Haben Sie den Mut, sich auf etwas einzulassen, von dem Sie noch nicht ganz genau wissen, was auf Sie zukommt?

☐ Ja ☐ Nein ☐ Weiß nicht

Können Sie sich Ihr Leben „nach der Pyramide" vorstellen?

☐ Ja ☐ Nein ☐ Weiß nicht

Auflösung:

00 – 05 x ja: Sie sind (noch) nicht bereit für die Pyramide.

06 – 10 x ja: Sie sind an der Grenze zur Bereitschaft sich auf das Abenteuer Pyramide einzulassen.

11 – 15 x ja: Sie sind definitiv bereit für die Pyramide

16 – 20 x ja: Die Pyramide ist wie gemacht für Sie. Worauf warten Sie noch?

WORT-DOPING

Nachfolgend eine (hoffentlich nicht allzu lange) Liste herausragender Bücher. Alle Empfehlungen sind hochprozentige, eindeutige Dopingmittel. Für viele Menschen haben sie stark leistungsfördernde Ergebnisse gebracht.
Weder ist die Liste in irgendeiner Art und Weise vollständig, noch soll sie es sein. Ich habe einfach die wichtigsten Bücher aufgeschrieben, die ich in den letzten fünf Jahren gelesen habe. Leider sind längst nicht alle Bücher in Deutschland und deutscher Sprache erschienen.

Denken Sie daran: Sie sind in praktisch allen Bereichen ein Spiegelbild der Menschen UND DER BÜCHER, mit denen Sie sich überwiegend beschäftigen.

Lance Armstrong: Tour des Lebens. Wie ich den Krebs besiegte und die Tour de France gewann

Richard Bach: Die Möwe Jonathan

Richard Bandler: Bitte verändern Sie sich … jetzt! Transkripte meisterhafter NLP-Sitzungen
(Nur ein Buchtip zu Bandler, einem der Gründerväter von NLP – im Prinzip gilt: alles lesen von einem Meister!)

Jean-Dominique Bauby: Schmetterling und Taucherglocke

Don Edward Beck, Chris Cowan: Spiral Dynamics – Leadership, Werte und Wandel

Peter L. Bernstein: Wider die Götter. Die Geschichte der modernen Risikogesellschaft

Vera F. Birkenbihl: Lesen Sie alles von ihr, was Sie in die Hand bekommen!

Edward de Bono: De Bonos neue Denkschule: Kreativer denken, effektiver arbeiten, mehr erreichen
Auch hier gilt: alles von De Bono lesen.

Gregg Braden: Im Einklang mit der göttlichen Matrix

Dieter Brandes: Konsequent einfach. Die ALDI-Erfolgsstory

Richard Branson: Losing my Virginity – Die Autobiographie
Geht nicht gibt's nicht!

Tony Buzan: Das Mind-Map-Buch – Die beste Methode zur Steigerung ihres geistigen Potenzials

Silvia Arroyo Camejo: Skurrile Quantenwelt

Deepak Chopra: Die sieben geistigen Gesetze des Erfolgs

Alexander Christiani: Weck den Sieger in Dir!

Robert B. Cialdini: Die Psychologie des Überzeugens

George S. Clason: Der reichste Mann von Babylon

Stephen R. Covey: Die 7 Wege zur Effektivität
Und alles, was er sonst geschrieben hat…

Mihaly Csikszentmihalyi: Flow: Das Geheimnis des Glücks

Robert B. Dilts: Professionelles Coaching mit NLP Mit dem NLP-Werkzeugkasten geniale Lösungen ansteuern

Dr. Wayne W. Dyer: Mit Absicht den eigenen Lebensplan verwirklichen

Milton H. Erickson: Milton H. Ericksons gesammelte Fälle
Die Lehrgeschichten von Milton H. Erickson

Stephane Etrillard: 30 Minuten für intelligente Schlagfertigkeit

Günter Faltin: Kopf schlägt Kapital. Die ganz andere Art, ein Unternehmen zu gründen.

Richard P. Feynman: QED. Die seltsame Theorie des Lichts und der Materie

Steffen Fliegel, Annette Kämmerer: Psychotherapeutische Schätze – 101 bewährte Übungen und Methoden für die Praxis

Anja Förster und Peter Kreuz: Alles, außer gewöhnlich: Provokative Ideen für Manager, Märkte, Mitarbeiter
Spuren statt Staub Wie Wirtschaft Sinn macht

Martin S. Fridson: Milliardäre und ihre Erfolgsgeschichten: Die Strategien der 14 Superreichen

Mahatma Gandhi: Eine Autobiographie oder Die Geschichte meiner Experimente mit der Wahrheit

Michael Gelb: Das Leonardo-Prinzip. Die sieben Schritte zum Erfolg

Malcolm Gladwell: Überflieger: Warum manche Menschen erfolgreich sind – und andere nicht
Blink! Die Macht des Moments

James Gleick: Chaos: die Ordnung des Universums

Brian Greene: Das elegante Universum

Robert Greene: Power. Die 48 Gesetze der Macht

Michael H. Hart: The 100: A Ranking of the Most Influential Persons in History

Stephen W. Hawking: Eine kurze Geschichte der Zeit
Das Universum in der Nussschale

Roger Highfield: Die geheimen Leben des Albert Einstein. Eine Biographie

Napoleon Hill: Denke nach und werde reich

Edmund Hillary: Die Abenteuer meines Lebens. Der Himalaja und andere Herausforderungen

Benjamin Hoff: Tao Te Puh. Das Buch vom Tao und von Puh dem Bären

Gerald Hüther: Die Macht der inneren Bilder. Wie Visionen das Gehirn, den Menschen und die Welt verändern

Carl Gustav Jung: Die Beziehungen zwischen dem Ich und dem Unbewussten

Anne Katherine Boundaries: Where You End and I Begin

Robert Kiyosaki: Reichtum kann man lernen. Was Millionäre schon als Kinder wussten (Rich Dad, poor Dad)

Richard Koch: Das 80/20-Prinzip. Mehr Erfolg mit weniger Aufwand

Niklaus Kuster Franziskus: Rebell und Heiliger

Bruce Lipton: Intelligente Zellen: Wie Erfahrungen unsere Gene steuern

Nelson Mandela: Der lange Weg zur Freiheit

Joseph M. Marshal: Bleib auf deinem Weg: Die Weisheit eines alten Indianers

Joseph O'Connor: Neurolinguistisches Programmieren: Gelungene Kommunikation und persönliche Entfaltung

Candace B. Pert: Moleküle der Gefühle. Körper, Geist und Emotionen

Catherine Ponder: Die Heilungsgeheimnisse der Jahrhunderte.

Thomas Peters: Auf der Suche nach Spitzenleistungen. Was man von den bestgeführten US-Unternehmen lernen kann

Anthony Robbins: Das Power Prinzip

Virginia Satir: Meine vielen Gesichter. Wer bin ich wirklich?

Nadja Schnetzler: Die Ideenmaschine: Methode statt Geistesblitz – Wie Ideen industriell produziert werden

Michael Talbot: Das holographische Universum. Die Welt in neuer Dimension.

Thich Nhat Hanh: Ein Lotos erblüht im Herzen

Brian Tracy: Thinking Big: Von der Vision zum Erfolg

Donald Trump: Trump – Wie man reich wird

Helen Wambach: Leben vor dem Leben

Paul Watzlawick Wie wirklich ist die Wirklichkeit?

Richard Wiseman: So machen Sie Ihr Glück. Wie Sie mit einfachen Strategien zum Glückspilz werden

Fred Alan Wolf: The Dreaming Universe

Volker Zotz: Mit Buddha das Leben meistern. Buddhismus für Praktiker

Zu guter Letzt

Das LESEN dieses Buches bringt Sie nirgendwo hin, das Anwenden der darin aufgezeigten Prinzipien sehr wohl …

„Beginne mit dem Notwendigen,
dann mit dem Möglichen
und plötzlich wirst du
das Unmögliche tun."

Franz von Assisi, Heiliger